У меня был прекрасный год, а следующий будет еще лучше!

Спасибо замечательной Наталии Правдиной и ее прекрасным календарям. Я купила все, но женский календарь — мой самый любимый. С удовольствием выполняла все ритуалы и помолодела лет на десять. И не только я это заметила.

Светлана

Я не верила, но календарь мне помог!

Я не очень верю во всякие ритуалы, магию. Но прошлый год выдался таким тяжелым, что решила уже попробовать все способы. И на удивление ситуация начала исправляться буквально в первый же месяц использования. Я выполнила несколько ритуалов, следовала советам и сразу же почувствовала прилив сил, энергии. Хотелось летать.

Елизавета

Миллион чудесных советов и практик. Я в восторге!

Мне календарь очень понравился. В отличие от обычных календарей, здесь очень много хороших советов, они заряжают оптимизмом и вселяют веру в то, что все будет хорошо!..

Елизавета

Удобный календарь!

Очень просто следовать советам календаря. Все расписано по дням. И ритуалы очень простые, 15–20 минут в день можно потратить на себя, тем более что результаты ожидают просто волшебные.

Вика

Совет на каждый день от Наталии Правдиной

Наталия Правдина

КАЛЕНДАРЬ ДЛЯ ЖЕНЩИН на 2021 год

365 практик от Мастера

ЛУННЫЙ КАЛЕНДАРЬ

Издательство
АСТ
Москва

УДК 159.9
ББК 88.3
П68

Правдина, Наталия Борисовна.

П68 Календарь для женщин на 2021 год. 365 практик от Мастера. Лунный календарь / Наталия Правдина. — Москва : Издательство АСТ, 2020. — 224 с. — (Совет на каждый день от Наталии Правдиной).

ISBN 978-5-17-127180-0

Как стать счастливой, успешной, желанной? Как быть всегда красивой, остановить время и старение? Как все успевать — дома и на работе и при этом не забыть и про себя, любимую?

Вам поможет лунный календарь Наталии Правдиной, составленный специально для женщин! Календарь, в котором ровно 365 способов стать счастливой — по одному на каждый день 2021 года.

Вы можете начать менять свою жизнь с самых первых дней года: планировать дела на самые удачные дни, проводить особые ритуалы на любовь, верность, красоту и удачу. Начните жить по лунному календарю, и вы сразу же заметите изменения в вашей жизни!

Этот календарь издается уже не один год, он построен на точных расчетах, а практики неоднократно проверены на тренингах Наталии Правдиной!

Макет подготовлен редакцией «Прайм»
Мы в социальных сетях. Присоединяйтесь!
vk.com/prime_ast
instagram.com/prime.ast
facebook.com/praim.ast

ISBN 978-5-17-127180-0

ПРОЦВЕТАНИЕ И ЛЮБОВЬ ПРИДУТ В ВАШУ ЖИЗНЬ!

Здравствуйте, дорогие мои читательницы!

Вы мечтаете о счастливой и взаимной любви? О материальном благополучии и великолепной карьере? О здоровье, красоте и молодости? Тогда это календарь для вас! С самого первого дня 2021 года вы можете начать менять свою жизнь, привлекать любовь, счастье, удачу, здоровье и изобилие. Поверьте, это в самом деле возможно!

Вселенная богата и щедра. В ней огромные запасы материальных благ, любви и удачи. И всего этого гораздо больше, чем людей на нашей планете. Даже если вы обладаете развитым воображением, то все равно не сможете представить себе размер этих богатств. И с каждым из нас Вселенная готова поделиться — отправить столько, сколько вы пожелаете. Поэтому важно только захотеть что-то, пожелать, а затем быть уверенным в том, что желание сбудется. Вы спросите, почему же тогда многие ваши желания так и не сбылись? Потому что просить нужно твердо, без сомнений и самое главное — в нужное время!

У вас в руках книга-помощник, в которой указано самое точное время для всех ваших пожеланий.

В ней 365 дней и 365 способов привлечь то, о чем мечтает каждая женщина, — Любовь и Счастье. Это подсказки, советы, небольшие секретные ритуалы, которые помогут вам настроиться на процветание или привлечение идеального партнера. Вам надо только поверить в себя позвать на помощь Вселенную, а затем пролистнуть эту книгу и найти уникальное время в году для каждого пожелания. И я уверена, у вас все получится!

КАК ПОЛЬЗОВАТЬСЯ КАЛЕНДАРЕМ

Каждый день года имеет свою энергетику, которая зависит от расположения звезд, солнца, луны. Иногда нужно действовать, а иногда — проявить терпение и спокойствие. Поэтому так важно проводить магические ритуалы, применять рекомендации в правильный день. В этом вам поможет мой календарь. Откройте календарь на нужном дне, и вы узнаете:

- под каким девизом пройдет этот день;
- какие особенности у сегодняшнего дня;
- что нужно сделать, чтобы притянуть в свою жизнь Изобилие, Любовь, Здоровье и Счастье.

Также указаны дни со схожими характеристиками, в которые вы можете повторить ритуал.

Поработайте с этой книгой, и очень скоро вы увидите волшебные, позитивные изменения в своей жизни. Будьте твердо, непробиваемо убеждены в неизбежности успеха всех ваших начинаний, и так оно и будет!

С Новым годом!
Желаю вам любви и счастья!
Ваша Наталия Правдина

Условные обозначения:

благоприятный день,

нейтральный день,

неблагоприятный день.

ЯНВАРЬ

1 января

пятница, 19-й лунный день

Неблагоприятный день!

Никаких важных решений!

Это один из самых неблагоприятных дней, его еще называют сатанинским, так как в мире активизируется негативная энергетика. Сегодня побудьте дома, произнесите аффирмации для обретения желанной любви.

Что нужно сделать

Произнесите аффирмации для обретения любви:

«Я — центр притяжения любви! Я ценю себя и воздаю себе должное каждый миг моей жизни! Я наслаждаюсь изобилием любви и полнотой счастья!»

Дополнительные ритуалы: см. 30 января, 1 марта, 1 апреля, 30 апреля, 30 мая, 29 июня, 28 июля, 26 августа, 24 сентября, 24 октября, 22 ноября, 22 декабря.

2 января

суббота, 20-й лунный день

Нейтральный день!

Любые изменения притянут успех!

Посвятите этот день переменам (меняйте работу, диету, образ жизни). Сегодня начните работать над своей фигурой.

Что нужно сделать

1. Отмените перекусы, ешьте строго 3–4 раза в день, причем последний прием пищи не должен быть позднее 18:00.
2. Уменьшите порции, объемы блюд должны быть одинаковыми в каждый из приемов пищи.
3. Утром не ограничивайте себя в продуктах, а вечером следует отказаться от калорийных блюд.
4. Не забывайте про физические нагрузки.

Дополнительные ритуалы: см. 31 января, 2–3 марта, 2 апреля, 1 мая, 31 мая, 30 июня, 29 июля, 27 августа, 25 сентября, 25 октября, 23 ноября, 23 декабря.

3 января

воскресенье, 21-й лунный день

Нейтральный день!

Пора взяться за самосовершенствование!

Сегодня Луна дает много энергии, которую благоприятно направить на преображение своей личности. Для начала определите область, в которой испытываете какие-то сложности или хотели бы развиваться.

Что нужно сделать

1. Отношения.
2. Работа и деньги.
3. Здоровье и внешность.
4. Хобби.
5. Семья.

Подумайте, что у вас вызывает беспокойство, что интересует, какие качества в себе нравятся или не нравятся. Определите, чем займетесь в первую очередь, и поставьте четкие цели. Запишите все в блокнот.

Дополнительные ритуалы: см. 1 февраля, 4 марта, 3 апреля, 2 мая, 1 июня, 1 июля, 30 июля, 28 августа, 26 сентября, 26 октября, 24 ноября, 24 декабря.

4 января

понедельник, 22-й лунный день

Нейтральный день!

Новые знания принесут пользу!

Знания, пришедшие сегодня, сыграют очень важную роль. Пора узнать что-то новое о себе.

Что нужно сделать

Итак, мы все родились в определенный день. Это может быть день однозначный или двузначный. Допустим, вы родились 9 числа. Следовательно, ваш код дня рождения — 9, если 1 числа, то — 1.

Далее, если вы родились в любой день, определяемый двузначным числом, то вам нужно сложить две цифры, например, вы родились 12 числа: ваш код дня рождения 1 + 2 = 3. Если при сложении цифр у вас вышло двузначное число, то продолжайте складывать цифры дальше, например, вы родились 29 числа. 2 + 9 = 11, 1 + 1 = 2. Ваш код дня рождения 2.

Посмотрите, какие качества должны развивать люди с разными кодами дней рождения, чтобы добиться материального успеха:

1. Лидерские качества.
2. Высокую самооценку.
3. Умение доводить дело до конца.
4. Общительность.
5. Уравновешенность.
6. Искренность.
7. Творческие способности.
8. Предприимчивость.
9. Артистизм.

Дополнительные ритуалы: см. 5 января, 2–3 февраля, 5 марта, 4 апреля, 3 мая, 2 июня, 2 июля, 31 июля, 29 августа, 27 сентября, 27 октября, 25 ноября, 25–26 декабря.

5 января

вторник, 22-й лунный день

Нейтральный день!

Нельзя отвергать новые знания!

Сегодня действуют энергии прошлого дня, поэтому продолжаем узнавать новое о себе. Каждому от рождения дан цвет, который привлекает деньги.

Что нужно сделать

Вспомните свой код дня рождения. Соотнесите его с информацией, представленной ниже, и задумайтесь о цвете одежды в своем гардеробе.

В зависимости от кода дня рождения у каждого человека есть определенные цвета, привлекающие деньги.

1 — желтый, оранжевый, золотой, бронзовый.
2 — белый, зеленый.
3 — голубой, фиолетовый, розовый, сиреневый.
4 — серый, ярко-синий.
5 — белый, серый, желтый, серебряный, золотой.
6 — голубой, синий, зеленый, розовый.
7 — фиолетовый, лиловый, зеленый, белый, розовый.
8 — темно-зеленый, черный, темно-голубой.
9 — красный.

Дополнительные ритуалы: см. 4 января, 2–3 февраля, 5 марта, 4 апреля, 3 мая, 2 июня, 2 июля, 31 июля, 29 августа, 27 сентября, 27 октября, 25 ноября, 25–26 декабря.

6 января

среда, 23-й лунный день

Неблагоприятный день!

Время разрешить давние проблемы!

Сегодня нужно направить интенсивную энергию дня на дела, о которых говорят «забуксовали». Справиться с ними поможет заговор.

Что нужно сделать

1. В полночь возьмите кусочек сахара, капните на него вином или коньяком.

2. Произнесите:
   «Господь дал нам лозу виноградную, лоза принесла плод сахарный, плод винный, сердцу на веселие, душе на радость, телу на сладость. Дело мое до средины дошло, так и до конца дойдет, плод принесет. Во имя Отца и Сына и Святого Духа. Аминь».
3. Оставьте сахар на подоконнике до утра под открытой форточкой.

Дополнительные ритуалы: см. 4 февраля, 6 марта, 5 апреля, 4 мая, 3 июня, 3 июля, 1 августа, 30 августа, 28 сентября, 28 октября, 26 ноября, 27 декабря.

7 января

четверг, 24-й лунный день

Благоприятный день!

Энергия бьет ключом!

Сегодня возможно стихийное высвобождение энергии, но людям, не уверенным в своих силах, лучше не перенапрягаться. У православных сегодня Рождество. Если вы хотите перейти с избранником на новый уровень отношений, проведите ритуал.

Что нужно сделать

1. Возьмите две церковные свечи. На одной напишите свое имя, а на второй — имя избранника.
2. Дайте свечам догореть, а из растаявшего воска слепите любую фигурку, которая и будет символизировать вашу любовь.
3. Спрячьте талисман подальше от посторонних глаз.

Дополнительные ритуалы: см. 5 февраля, 7 марта, 6 апреля, 5 мая, 4 июня, 4 июля, 2–3 августа, 31 августа, 29 сентября, 29–30 октября, 27–28 ноября, 28 декабря.

8 января

пятница, 25-й лунный день

Нейтральный день!

Пора подвести итоги!

Расслабьтесь, побудьте наедине с собой, подумайте о своих отношениях с окружающими, прислушайтесь к интуиции, слушайте голос тела.

Что нужно сделать

Встаньте ровно, закройте глаза, мысленно четко сформулируйте свой вопрос, ответом которому может стать только «да» или «нет». Прислушайтесь к себе: если вас качнет вперед, то ответ положительный, назад — отрицательный.

Дополнительные ритуалы: см. 6 февраля, 8 марта, 7 апреля, 6 мая, 5 июня, 5 июля, 4 августа, 1–2 сентября, 30 сентября, 1 октября, 31 октября, 29 ноября, 29 декабря.

9 января

суббота, 26-й лунный день

Нейтральный день!

Помощь окажут высшие силы природы!

Сегодня — магический день. У вас могут открыться способности к ясновидению и телепатии. Вдыхая определенные ароматы, можно легко переместиться совершенно в другое измерение чувств и мыслей.

Что нужно сделать

1. Определите, какой аромат вам нужен.
   - Бергамот притягивает богатство, обеспечивает духовный подъем.
   - Ветиверия способствует решению сложных вопросов в бизнесе.
   - Ваниль помогает достигать желаемого, привлекает нужных людей.
   - Имбирь притягивает богатство, любовь, успех и власть.

- Жасмин привлекает денежную энергию, сулит удачу в карьере.

2. Поместите несколько капель нужного вам масла в аромалампу. Прикройте глаза, расслабьтесь и попросите высшие силы о помощи в достижении желаемого.

Дополнительные ритуалы: см. 7 февраля, 9 марта, 8 апреля, 7 мая, 6 июня, 6 июля, 5 августа, 3 сентября, 2 октября, 1 ноября, 30 ноября, 30 декабря.

10 января

воскресенье, 27-й лунный день

Нейтральный день!

Никакой суеты!

В этот день хорошо побыть с близкими, пообщаться с природой, настроиться на позитивный лад и обратиться к духовным практикам. Подготовьтесь к приходу любви.

Что нужно сделать

Избавиться от внутренних комплексов поможет аффирмация:

«Я создана для счастья! Я с радостью принимаю любовь!»

Дополнительные ритуалы: см. 8 февраля, 10 марта, 9 апреля, 8 мая, 7 июня, 6 августа, 4 сентября, 3 октября, 2 ноября, 1 декабря, 31 декабря.

11 января

понедельник, 28-й лунный день

Благоприятный день!

Позитивные мысли делают привлекательней!

Займитесь сегодня собой, своей красотой и здоровьем. Конец лунного цикла, начало нового лунного месяца — это время для закрепления эффекта проделанных процедур.

Что нужно сделать

Сделайте эффективную медовую маску. Для этого 1 ч. л. меда подогрейте на пару до разжижения, добавьте смешанные в соотношении 1:1 йогурт и размельченные овсяные хлопья. Все хорошо перемешайте, нанесите на кожу лица и декольте и оставьте на 15–20 минут. Затем умойтесь прохладной водой.

Дополнительные ритуалы: см. 9 февраля, 11 марта, 10 апреля, 9 мая, 8 июня, 8 июля, 7 августа, 5 сентября, 4 октября, 3 ноября, 2 декабря.

12 января

вторник, 29-й лунный день

Неблагоприятный день!

Пора уделить время себе!

Займитесь простыми делами. Можно посетить парикмахерскую. Обычная стрижка поможет вам избавиться от негативных эмоций и повысит настроение.

Что нужно сделать

1. Вечером расположитесь перед зеркалом и сооружайте на голове самые немыслимые прически.
2. Найдите варианты укладок, при которых вы сами себе нравитесь. Главное — следить, чтобы ваше настроение только улучшалось с каждым новым изобретением на голове.

Дополнительные ритуалы: см. 10 февраля, 12 марта, 11 апреля, 10 мая, 9 июня, 9 июля, 6 сентября, 5 октября, 4 ноября, 3 декабря.

13 января

среда, 1–2-й лунные дни
Новолуние 08:03

Нейтральный день!

Пора запланировать дела на следующий лунный месяц!

Сегодня очень удачный день. Обязательно используйте его энергетику. Сегодня позаботьтесь о своей привлекательности для денежной энергии.

Что нужно сделать

Открою вам один секрет, известный с древнейших времен: великолепно притягивает деньги запах натуральной земляники, винограда и фейхоа.

Нанесите по капле драгоценных натуральных запахов на органайзер, телефон, запястье, кошелек и т. д. Вас удивят результаты!

Дополнительные ритуалы: см. 12 апреля, 7 сентября, 5 ноября.

14 января

четверг, 3-й лунный день

Нейтральный день!

Направьте свою энергию на реализацию планов!

Сегодня вы полны энергии. Реализуйте планы, действуйте. Вам помогут аффирмации уверенности и силы.

Что нужно сделать

Отпустите все посторонние мысли и произнесите:

«Я излучаю уверенность и силу!
Моя сила и уверенность в себе постоянно растут!
Я абсолютно уверена в собственной привлекательности!»

Дополнительные ритуалы: см. 13 февраля, 15 марта, 13 апреля, 13 мая, 12 июня, 12 июля, 10 августа, 8 сентября, 8 октября, 6 ноября, 6 декабря.

15 января

пятница, 4-й лунный день

Нейтральный день!

Пора сделать выбор и притянуть удачу!

В Святки (с 7 января по 17 января) магические ритуалы обретают особую силу.

Что нужно сделать

1. Вечером, когда стемнеет, зажгите свечу. В правую руку возьмите кусочек черного хлеба, в левую — стакан со святой (талой) водой.
2. Проговорите:
   «Как луна по небу гуляет, как солнце утром всех пробуждает, так и удача ко мне (назвать имя) *прибудет. Как я захочу, так и будет! Аминь!»*
3. Съешьте хлеб и сделайте пару глотков воды.
4. Свечу потушите. На следующий день сходите в церковь и поставьте ее возле иконы святой Богородицы.

Дополнительные ритуалы: см. 14 февраля, 16 марта, 14 апреля, 14 мая, 13 июня, 13 июля, 11 августа, 9 сентября, 9 октября, 7 ноября, 7 декабря.

16 января

суббота, 5-й лунный день

Нейтральный день!

Интуиция подскажет ответ!

Сегодня нужно свободно проявлять свои позитивные эмоции — это будет уместно, вас наверняка поймут правильно. Притянуть денежную удачу поможет пальчиковый науз.

Что нужно сделать

Возьмите зеленую нить (20–30 см) из любого натурального материала (хлопка, льна, шерсти). Обмотайте ее по часовой стрелке вокруг правого мизинца, приговаривая:

«Пальцем поманю, деньги привлеку!»

Затем завяжите узел.

Дополнительные ритуалы: см. 15 февраля, 17 марта, 15 апреля, 15 мая, 14 июня, 14 июля, 12 августа, 10 сентября, 10 октября, 8 ноября, 8 декабря.

17 января

воскресенье, 6-й лунный день

Благоприятный день!

Новые таланты и способности!

День пройдет спокойно, не требуя больших затрат энергии. Сегодня Феклистов день, а значит, сильны святочные заговоры. Для изгнания злых духов из своего дома проведите ритуал с новогодней елкой.

Что нужно сделать

Разряжая елку, убирая искусственную или вынося на улицу живую елку, приговаривайте:

«Елка — на покой, беды долой!»

Дополнительные ритуалы: см. 16 февраля, 18 марта, 16 апреля, 16 мая, 15 июня, 15 июля, 13 августа, 11 сентября, 11 октября, 9 ноября, 9 декабря.

18 января

понедельник, 7-й лунный день

Благоприятный день!

Слова обретают особое значение!

Сегодня благоприятно молиться, заниматься духовными практиками. У православных в этот день отмечается Крещенский сочельник. Обратимся к народным приметам.

Что нужно сделать

1. Все сны с 18 на 19 января — вещие.
2. Нельзя хвалить кого-то или ругать — можно испортить судьбу.
3. На ужин можно есть только постную еду, количество блюд должно быть нечетным (7 или 9).
4. На ночь всю обувь нужно занести в дом — оставленные за порогом туфли или сапоги приведут в жилище болезни.

Дополнительные ритуалы: см. 17 февраля, 19 марта, 17 апреля, 17 мая, 16 июня, 16 июля, 14 августа, 12 сентября, 12 октября, 10 ноября, 10 декабря.

19 января

вторник, 8-й лунный день

Нейтральный день!

Время начать все заново!

Сегодня благоприятно подумать о своей жизни, принять важное решение. У православных в этот день большой праздник — Крещение. Если вы еще не замужем, можно провести ритуал на замужество.

Что нужно сделать

1. Налейте в 3 чашки святой крещенской воды из церкви, приговаривая:
   «Во имя Отца и Сына и Святого Духа. Аминь».
2. Над водой прочитайте заговор:
   «Святая вода, пошли рабе Божьей (назвать имя) *жениха. Для супружества, для честного замужества. Аминь».*
3. Первую чашку воды выпейте сами, из второй умойтесь, третью вылейте у входной двери.

Дополнительные ритуалы: см. 18 февраля, 20 марта, 18 апреля, 18 мая, 17 июня, 17 июля, 15 августа, 13 сентября, 13 октября, 11 ноября, 11 декабря.

20 января

среда, 9-й лунный день

Неблагоприятный день!

Пора заняться своим здоровьем!

В этот день важно не проявлять негативные эмоции, не критиковать окружающих. Создайте дома обстановку, благоприятную для здоровья.

Что нужно сделать

- Сделайте генеральную уборку дома и безжалостно выбросьте все старые и ненужные вещи.
- Купите хороший фильтр для очистки воды. Начните пить воду из него.
- Откройте окна, чтобы свежий воздух наполнял квартиру.

Дополнительные ритуалы: см. 19 февраля, 21 марта, 19 апреля, 19 мая, 18 июня, 18 июля, 16 августа, 14 сентября, 14 октября, 12 ноября, 12 декабря.

21 января

четверг, 10-й лунный день

Нейтральный день!

Семья — на первом месте!

В этот день следует особое внимание уделить семейным традициям и ценностям. Не отказывайтесь от общения с родными. Если вы мечтаете о продолжении рода, проведите ритуал с пинетками.

Что нужно сделать

1. Сядьте на пол, перед собой разложите ватман или кусок обоев.
2. Черным карандашом нарисуйте большой круг — символ плодородия.
3. В центр круга положите пинетки.
4. Произнесите заклинание:
   «Как месяц родится, чтоб в Луну превратиться, так и я чтоб зачала, ребенка выносила. Во имя Отца и Сына и Святого Духа. Аминь!»
5. Обрызгайте лапотки или пинетки святой водой, затем умойтесь ею сами.
6. Повесьте талисман в спальне на видном месте.

Дополнительные ритуалы: см. 20 февраля, 22 марта, 20 апреля, 20 мая, 19 июня, 19 июля, 17 августа, 15 сентября, 15 октября, 13 ноября, 13 декабря.

22 января

пятница, 11-й лунный день

Нейтральный день!

Ловушки для денежной удачи!

Сегодня каждому дается возможность прикоснуться к этому источнику энергии и трансформировать его для себя. Расставьте по дому ловушки для денежной удачи, которыми служат предметы, связанные с водой.

Что нужно сделать

Самыми мощными средствами являются пруды, водопады, фонтаны и аквариумы. Если у вас нет возможности иметь их, для привлечения денежной удачи прекрасно подойдут изделия из хрусталя и стекла, ракушки, фигурки рыбок и фотографии водопадов.

Ловушки нужно расставить в юго-восточном секторе комнат.

Дополнительные ритуалы: см. 21 февраля, 23 марта, 21 апреля, 21 мая, 20 июня, 20 июля, 18 августа, 16 сентября, 16 октября, 14 ноября, 14 декабря.

23 января

суббота, 12-й лунный день

Благоприятный день!

Пора оказать помощь близким!

Не скупитесь сегодня на подарки, добрые слова, комплименты. Они вернутся к вам приумноженными.

Что нужно сделать

Сегодня у вас есть уникальная возможность попросить что-то у Вселенной. Но сначала вам нужно получить это право. Для этого выполните первую обращенную к вам просьбу. А потом можете смело просить то, что вам нужно. Все исполнится.

Дополнительные ритуалы: см. 22 февраля, 24 марта, 22 апреля, 22 мая, 21 июня, 21 июля, 19 августа, 17 сентября, 17 октября, 15 ноября, 15 декабря.

24 января

воскресенье, 13-й лунный день

Нейтральный день!

Доверяйте, но проверяйте!

Энергии дня очень изменчивы. Мгновенно сориентироваться в обстановке и принять решение поможет слово-лекарь ФЕРТ (рис. 1).

Что нужно сделать

1. Повторите слово-лекарь 3 раза.
2. Сядьте посреди комнаты, скрестив ноги «по-турецки», руки положите на колени. Ладони разверните друг к другу и уложите на ребро. Закройте глаза.
3. Представьте себя стоящим посреди большого города. Раннее утро. В ближайшем доме начинают загораться окна. «Пробудите» другие дома. «Выпустите» на улицы машины и автобусы. Ощутите себя держащим в руках нити управления этим миром. Вы контролируете скорость.
4. Сделайте глубокий вдох. Медленно выдохните. Четко произнесите:
   «ФЕРТ дает мне власть над скоростью».

Дополнительные ритуалы: см. 23 февраля, 25 марта, 23 апреля, 23 мая, 22 июня, 22 июля, 20 августа, 18 сентября, 18 октября, 16 ноября, 16 декабря.

Рис. 1. Слово-лекарь ФЕРТ

25 января

понедельник, 14-й лунный день

Нейтральный день!

Все, за что вы сегодня возьметесь, — получится!

Любое дело вам по плечу. Сегодня выполните ритуал, способствующий укреплению любви в браке.

Что нужно сделать

Возьмите свою самую удачную свадебную фотографию, где вы сами себе нравитесь, вставьте ее в красивую рамочку и поставьте так, чтобы на нее падал лунный свет.

Дополнительные ритуалы: см. 24 февраля, 26 марта, 24 апреля, 24 мая, 23 июня, 23 июля, 21 августа, 19 сентября, 19 октября, 17 ноября, 17 декабря.

26 января

вторник, 15-й лунный день

Неблагоприятный день!

Стоит воздержаться от поездок!

Займитесь благоустройством квартиры. Уделите внимание зеркалам. Правильное размещение зеркал — это настоящее искусство.

Что нужно сделать

Главная особенность зеркала — отражать и удваивать все вокруг. Если положить рядом с зеркалом деньги или дорогие украшения, их станет больше. Только не кладите дешевый крем, а то так и будете им пользоваться.
Но нельзя, чтобы в зеркале отражалась кровать, иначе в ней может появиться еще кто-то.

Дополнительные ритуалы: см. 25 февраля, 27 марта, 25 апреля, 25 мая, 24 июня, 24 июля, 22 августа, 20 сентября, 20 октября, 18 ноября, 18 декабря.

27 января

среда, 16-й лунный день

Нейтральный день!

Пора очистить пространство как вокруг, так и внутри!

Следите за своими мыслями и поступками — они должны быть позитивными. Мысли создают ваше будущее. Настройтесь на любовь и счастье, и они придут к вам. Проведите ритуал на создание семьи.

Что нужно сделать

1. Зажгите 2 свечи. У левой положите семя тыквы.
2. Произнесите:
   «От тебя до меня не дорога, а шаг».
3. Передвиньте семя к правой свече, скажите:
   «Увидишь — глаз не отведешь, обнимешь — не выпустишь!»
4. Оставьте свечи догорать. Со свечи, которая будет гореть дольше, капните воском на семя, уберите талисман в бумажный пакетик и положите в сумочку.

Дополнительные ритуалы: см. 26 февраля, 28 марта, 26–27 апреля, 26 мая, 25–26 июня, 25 июля, 23 августа, 21 сентября, 21 октября, 19 ноября, 19 декабря.

28 января

четверг, 17-й лунный день
Полнолуние в 22:17

Неблагоприятный день!

Уравновешенность поможет избежать неприятностей!

Прислушайтесь к интуиции, она покажет верное направление. Чтобы усилить ее действие, воспользуйтесь янтарем.

Что нужно сделать

1. Приобретите любое украшение из янтаря.
2. Очистите его от негативной энергии соленой водой.
3. Чтобы камень принес удачу, носите его сегодня с собой.

Дополнительные ритуалы: см. 27 февраля, 29 марта, 28 апреля, 27–28 мая, 27 июня, 26 июля, 24 августа, 22 сентября, 22 октября, 20 ноября, 20 декабря.

29 января

пятница, 18-й лунный день

Нейтральный день!

Пора уделить внимание здоровью!

Сегодня хорошо заняться спортом, повысить свой жизненный тонус. Помимо физических упражнений для улучшения самочувствия вам поможет медицинская мантра.

Что нужно сделать

Произнесите мантру от всех болезней 27 или 54 раза:

«ОМ БХАЙКАНДЗЕ БХАЙКАНДЗЕ МАХА БХАЙКАНДЗЕ РАТНА САМУ ГАТЭ СВАХА».

Дополнительные ритуалы: см. 28 февраля, 30–31 марта, 29 апреля, 29 мая, 28 июня, 27 июля, 25 августа, 23 сентября, 23 октября, 21 ноября, 21 декабря.

30 января

суббота, 19-й лунный день

Неблагоприятный день!

Не время выяснять отношения!

День не подходит для начала новых дел. Проведите ритуал для привлечения энергии, необходимой для решения деловых вопросов.

Что нужно сделать

Зажгите свечу желтого цвета. Поставьте желтые цветы в вазу с водой и произнесите вслух следующее заклинание:

«Я открываюсь для космической энергии и призываю ее снизойти на меня! Пусть энергия наполнит мое тело и душу и даст мне силы для свершения многих дел!»

Позвольте свече догореть.

Дополнительные ритуалы: см. 1 января, 1 марта, 1 апреля, 30 апреля, 30 мая, 29 июня, 28 июля, 26 августа, 24 сентября, 24 октября, 22 ноября, 22 декабря.

31 января

воскресенье, 20-й лунный день

Нейтральный день!

Все перемены благоприятны!

Хороший день для возвращения долгов, смены работы и крупных покупок. Обратите внимание на свою внешность, особенно волосы.

Что нужно сделать

Плетение кос, расчесывание и украшение волос — древнейшие колдовские обряды. Расчесывая волосы или заплетая косы, вы создаете различные токи энергии, способствующие исполнению ваших желаний. Те мысли, которые у вас в голове в момент ухода за волосами, имеют очень высокий шанс стать реальностью. Поэтому, расчесываясь и заплетаясь, думайте только о хорошем.

Дополнительные ритуалы: см. 2 января, 2–3 марта, 2 апреля, 1 мая, 31 мая, 30 июня, 29 июля, 27 августа, 25 сентября, 25 октября, 23 ноября, 23 декабря.

ФЕВРАЛЬ

1 февраля

понедельник, 21-й лунный день

Нейтральный день!

Позитив помогает преодолевать трудности!

Сегодня очень активный день, благоприятно встречаться с друзьями, выполнять обещания и отдавать долги. Вселенная часто подает нам знаки через сны.

Что нужно сделать

Если вы увидели во сне, как сбывается ваше желание, утром ни с кем не разговаривая, уединитесь и проговорите 3 раза:

«Что привиделось, то не пропало, в жизнь попало! Да будет так!»

Дополнительные ритуалы: см. 3 января, 4 марта, 3 апреля, 2 мая, 1 июня, 1 июля, 30 июля, 28 августа, 26 сентября, 26 октября, 24 ноября, 24 декабря.

2 февраля

вторник, 22-й лунный день

Нейтральный день!

Новая информация окажется источником дохода!

Проявите интерес к новым знаниям (пойдите на обучающие курсы, почитайте полезную книгу). Узнайте, какой камень-талисман поможет притянуть к вам деньги, защитит от обмана и воровства.

Что нужно сделать

Чтобы камень приносил вам прибыль, важно правильно его подобрать. Вы можете сделать своим талисманом самоцвет, который достался вам по наследству или был подарен. Такие камни обладают наибольшей силой.

Дополнительные ритуалы: см. 4–5 января, 3 февраля, 5 марта, 4 апреля, 3 мая, 2 июня, 2 июля, 31 июля, 29 августа, 27 сентября, 27 октября, 25 ноября, 25–26 декабря.

3 февраля

среда, 22-й лунный день

Нейтральный день!

Пора действовать с умом!

Сегодня оказывают влияние энергии вчерашнего дня. Самый простой способ правильно выбрать для себя камень — это определить его соответствие знаку зодиака.

Что нужно сделать

Овнам подойдут алмаз, рубин, сапфир, янтарь.
Тельцам — сапфир, бирюза, изумруд.
Близнецам — агат, берилл, цитрин.
Ракам — изумруд, сапфир.
Львам — рубин, александрит, янтарь.
Девам — яшма, нефрит, цитрин, желтый или зеленый халцедон.
Весам — берилл, алмаз, лазурит.
Скорпионам — бирюза, топаз.
Стрельцам — бирюза, сапфир, аметист, янтарь.

Козерогам — рубин, зеленый малахит.
Водолеям — сапфир, лазурит.
Рыбам — яшма, нефрит.

Дополнительные ритуалы: см. 4–5 января, 2 февраля, 5 марта, 4 апреля, 3 мая, 2 июня, 2 июля, 31 июля, 29 августа, 27 сентября, 27 октября, 25 ноября, 25–26 декабря.

4 февраля

четверг, 23-й лунный день

Неблагоприятный день!

Раздражение нарушит приток благоприятной энергии!

Важный вопрос, особенно волнующий молодые пары, — о зачатии желанных детей. Рекомендации фэншуй таковы.

Что нужно сделать

1. Убедитесь, что кровать не подвержена действию «отравленных стрел» — разного рода острых углов, направленных на нее.
2. Разместите в спальне пару фигурок аистов на гнезде, символизирующих счастливых родителей.
3. Повесьте красное панно с детьми и китайским иероглифом «Дети».

Дополнительные ритуалы: см. 6 января, 6 марта, 5 апреля, 4 мая, 3 июня, 3 июля, 1 августа, 30 августа, 28 сентября, 28 октября, 26 ноября, 27 декабря.

5 февраля

пятница, 24-й лунный день

Благоприятный день!

Откроется второе дыхание для продолжения начатых дел!

Не останавливайтесь на достигнутом. Мантры для привлечения счастья помогут вам гармонизировать свою энергию.

Что нужно сделать

Расслабьтесь, 10 раз повторите мантру:

«ОМ ШРИ КРИШНАЙЯ ГОВИНДАЙЯ ГОПИДЖАНА ВАЛАБХАЙЯ НАМАХ».

Дополнительные ритуалы: см. 7 января, 7 марта, 6 апреля, 5 мая, 4 июня, 4 июля, 2–3 августа, 31 августа, 29 сентября, 29–30 октября, 27–28 ноября, 28 декабря.

6 февраля

суббота, 25-й лунный день

Нейтральный день!

Время подвести итоги!

В этот день не планируйте важные дела. Лучше займитесь самообразованием, читайте, выполните упражнение, которое научит вас входить в состояние радости.

Что нужно сделать

Представьте, что вы — маленький ребенок, который, мечтая о новой игрушке, слал письма Деду Морозу и с волнением ждал прихода новогоднего праздника. И вот наступила волшебная ночь.

Вы спешите к разукрашенной елке, а под ней коробка с долгожданным подарком! Мечта сбылась! Счастью нет предела!

Постарайтесь запомнить это состояние. Теперь, вызывая в сознании этот образ, вы будете вновь испытывать чувство радости и благодарности.

Дополнительные ритуалы: см. 8 января, 8 марта, 7 апреля, 6 мая, 5 июня, 5 июля, 4 августа, 1–2 сентября, 30 сентября, 1 октября, 31 октября, 29 ноября, 29 декабря.

7 февраля

воскресенье, 26-й лунный день

Нейтральный день!

Семья — это надежный тыл!

Сегодня небольшое недопонимание может легко перерасти в ссору или конфликт. Чтобы этого не произошло, обратитесь к богине Фригг, выполните ритуал на руну Беркана для защиты семьи.

Что нужно сделать

1. Нарисуйте на листе бумаги руну Беркана (если ее вышить, выжечь и т. д., получится семейный талисман) (рис. 2).
2. Глядя на руну, произнесите 3 раза:

   «О, к тебе Одина
   Супруге речь и зов!
   Владычица прялки
   Судьбы! Защиты путь
   Укажи от злобы
   Людской, колдовства,
   Только тебе дано
   Увидеть суть всего!»
3. Спрячьте лист с руной в комнате, где собирается вся семья, подальше от посторонних глаз.

Дополнительные ритуалы: см. 9 января, 9 марта, 8 апреля, 7 мая, 6 июня, 6 июля, 5 августа, 3 сентября, 2 октября, 1 ноября, 30 ноября, 30 декабря.

Рис. 2. Руна Беркана

8 февраля

понедельник, 27-й лунный день

Нейтральный день!

Спокойствие и уверенность!

В этот день хорошо побыть с близкими, настроиться на позитивный лад. Самое время обратиться к практике фэншуй. Красные китайские фонарики используются для привлечения благоприятной Ци, удачи и богатства.

Что нужно сделать

Повесьте у себя в спальне красные фонарики на юго-западной стороне, чтобы активировать зону любви.

Дополнительные ритуалы: см. 10 января, 10 марта, 9 апреля, 8 мая, 7 июня, 6 августа, 4 сентября, 3 октября, 2 ноября, 1 декабря, 31 декабря.

9 февраля

вторник, 28-й лунный день

Благоприятный день!

Концентрация на добрых мыслях и намерениях!

Пришло время научиться быть экономным, это позволит вам не только создать так называемую финансовую подушку, но и привлечет денежные потоки в вашу жизнь.

Что нужно сделать

Выполняйте несколько правил:

1. Записывайте все расходы.
2. Составьте свой бюджет на месяц.
3. Старайтесь жить по средствам, отказавшись от дорогих сиюминутных покупок.
4. Откладывайте от 10 % до 20 % от своего дохода.
5. Планируйте покупки заранее.
6. Осознайте, с какой целью вы экономите.

Дополнительные ритуалы: см. 11 января, 11 марта, 10 апреля, 9 мая, 8 июня, 8 июля, 7 августа, 5 сентября, 4 октября, 3 ноября, 2 декабря.

10 февраля

среда, 29-й лунный день

Неблагоприятный день!

Пора подвести итоги достижений!

Сложный и изматывающий день. Можно обсудить свои достижения с друзьями, почитать аффирмации. Самое время вспомнить, какие действия нельзя совершать, чтобы не отпугнуть деньги.

Что нужно сделать

1. При совершении покупок не берите сдачу из рук продавца. Кладите деньги и забирайте сдачу со специального блюдца.
2. Не пересчитывайте деньги вечером. Энергия изобилия уйдет вместе с энергией дня. А на рассвете или в полдень очень полезно пересчитывать купюры, приговаривая: *«Мои доходы постоянно растут!»*

Дополнительные ритуалы: см. 12 января, 12 марта, 11 апреля, 10 мая, 9 июня, 9 июля, 6 сентября, 5 октября, 4 ноября, 3 декабря.

11 февраля

четверг, 30–1 лунные дни
Новолуние в 22:05

Нейтральный день!

Самое время раздать долги!

Пора освободиться от чувства вины или обиды и идти вперед. Вам поможет ритуал прощения. Освободившись от прошлого, будет легче наметить новый план жизни.

Что нужно сделать

1. Отбросьте посторонние мысли и улыбнитесь себе. Улыбка — верный сигнал того, что вы на пути к здоровью и процветанию.
2. Мысленно простите всех, кто вас обидел, и поблагодарите их за полученный опыт.
3. После новолуния подумайте, чего вы хотите, и представьте, как можете реализовать свои мечты!

Дополнительные ритуалы: см. 13 марта, 11 мая, 10 июня, 10 июля, 6 октября, 4 декабря.

12 февраля

пятница, 2-й лунный день

Нейтральный день!

Жадность отпугивает удачу!

Все деньги, которые вы сегодня отдадите, вернутся сторицей. Чтобы это быстрее произошло, прочитайте заговор.

Что нужно сделать

Возьмите горсть пшеницы, выйдите в полночь на перекресток, рассыпьте пшеницу со словами:

«Летите, птицы, на мою пшеницу, несите с собой по деньге да все давайте мне. Как птицы на зерно слетаются, так бы и деньги ко мне в кошелек слетались. Аминь».

Дополнительные ритуалы: см. 14 марта, 12 мая, 11 июня, 11 июля, 9 августа, 7 октября, 5 декабря.

13 февраля

суббота, 3-й лунный день

Нейтральный день!

Настойчивость и активность в достижении целей!

Вы полны сил и энергии. Прилагайте усилия для привлечения любви. Вам поможет ритуал с нитями.

Что нужно сделать

1. Возьмите 3 не очень длинные нити: белого, розового и красного цвета.
2. Завяжите узелок на первой нити со словами:
   «Этот узел удачу привлекает!»
3. Завяжите узел на второй нити:
   «Этот узел любовь призывает!»
4. Третий узелок завязывайте со словами:
   «Этот узел страсть разжигает!»
5. Соедините 3 нити вместе и свяжите их одним узлом, говоря при этом:
   «А этот узел чувства сохраняет!»
6. Поместите талисман в сумочку и всегда носите с собой.

Дополнительные ритуалы: см. 14 января, 15 марта, 13 апреля, 13 мая, 12 июня, 12 июля, 10 августа, 8 сентября, 8 октября, 6 ноября, 6 декабря.

14 февраля

воскресенье, 4-й лунный день

Нейтральный день!

Пора подумать о семейном благосостоянии!

День спокойный и приятный. Его энергии располагают для общения с родными и близкими. Чтобы в семье всегда деньги водились, прочитайте заговор.

Что нужно сделать

Откройте форточку, встаньте к ней лицом, произнесите:

«Выйду, раба Божья (назвать имя), *благословясь, встану лицом на восток. Есть в чистом поле четыре брата-ветра, Христу служащие, Богу угождающие. Первый ветер — путный, второй ветер — попутный, третий — огонь, четвертый — духовской. Ветры вы, ветры! Как вы служите Христу, так послужите и мне, рабе Божьей* (назвать имя). *Я во Христа облекаюся, от сатаны-диавола отрекаюся, Христу молюся. Пригоните, ветры, к моему дому всякое добро, и благо, и богатство. Господи, благослови сей двор и порог! Буди мое злато Богом богато. Аминь».*

Дополнительные ритуалы: см. 15 января, 16 марта, 14 апреля, 14 мая, 13 июня, 13 июля, 11 августа, 9 сентября, 9 октября, 7 ноября, 7 декабря.

15 февраля

понедельник, 5-й лунный день

Нейтральный день!

Время разбудить свою интуицию!

День получения информации. Для улучшения умственной деятельности и привлечения энергии воспользуйтесь магической силой циркона.

Что нужно сделать

1. После покупки очистите камень соленой водой.
2. Возьмите циркон в руки, представьте, как все ваши позитивные мысли концентрируются в центре лба и устремляются светлым потоком к камню.
3. После зарядки носите циркон с собой.

Дополнительные ритуалы: см. 16 января, 17 марта, 15 апреля, 15 мая, 14 июня, 14 июля, 12 августа, 10 сентября, 10 октября, 8 ноября, 8 декабря.

16 февраля

вторник, 6-й лунный день

Благоприятный день!

Удачный момент открыться всему новому!

В этот день нельзя проявлять недовольство, жаловаться на судьбу. Притянуть деньги поможет заговор на символ плодородия — куриное яйцо.

Что нужно сделать

1. Возьмите обычное куриное яйцо, проговорите: *«Как яйцо в скорлупе полно и вышли из него Мать-Земля и Отец-Небосвод, как Вселенная всесильна и изобильна, так и моя жизнь новая, с бедностью незнакомая. Аминь!»*
2. Используйте яйцо для приготовления завтрака на следующий день.

Дополнительные ритуалы: см. 17 января, 18 марта, 16 апреля, 16 мая, 15 июня, 15 июля, 13 августа, 11 сентября, 11 октября, 9 ноября, 9 декабря.

17 февраля

среда, 7-й лунный день

Благоприятный день!

Обращайтесь ко Вселенной! Вы будете услышаны!

В этот день постарайтесь избавиться от излишних забот. Получить поддержку Высших сил поможет слово-лекарь СЛОВО (рис. 3).

Что нужно сделать

1. Повторите слово-лекарь 7 раз.
2. Сядьте в кресло, руки положите на колени ладонями вверх. Представьте себя посреди старинного замка. На коленях у вас лежит древняя книга. Не глядя в книгу, положите правую ладонь на страницу и медленно ведите по ней кончиками пальцев слева направо, как бы читая ее.

Почувствуйте покалывание в кончиках пальцев — энергия древнего знания входит в вас. «Прочитав» всю страницу, закройте книгу.

3. Произнесите:
   «СЛОВО открывает мне тайное знание».

Дополнительные ритуалы: см. 18 января, 19 марта, 17 апреля, 17 мая, 16 июня, 16 июля, 14 августа, 12 сентября, 12 октября, 10 ноября, 10 декабря.

Рис. 3. Слово-лекарь СЛОВО

18 февраля

четверг, 8-й лунный день

Нейтральный день!

Дорога для успеха и благополучия должна быть свободной!

Простите себя и окружающих, избавляйтесь от обид, проясните отношения. Это откроет новые грани взаимной гармонии.

Что нужно сделать

1. Расслабьтесь.
2. Произнесите про себя:
   «Я прощаю себя за совершенные ошибки».
3. Представьте себя окруженной золотистым светом. Вы находитесь в окружении любви и заслуживаете всего самого хорошего.

Дополнительные ритуалы: см. 19 января, 20 марта, 18 апреля, 18 мая, 17 июня, 17 июля, 15 августа, 13 сентября, 13 октября, 11 ноября, 11 декабря.

19 февраля

пятница, 9-й лунный день

Неблагоприятный день!

Сегодня никаких важных дел!

Отдыхайте, больше времени проведите на природе, в уединении. Можно заняться духовными практиками, чтением аффирмаций.

Что нужно сделать

Расслабьтесь, проговорите:

«Я являюсь магнитом для мужчин! Я привлекаю идеального для меня партнера. Я прекрасна и неотразимо привлекательна! Я наслаждаюсь своей сексуальностью! Я получаю любовь!»

Дополнительные ритуалы: см. 20 января, 21 марта, 19 апреля, 19 мая, 18 июня, 18 июля, 16 августа, 14 сентября, 14 октября, 12 ноября, 12 декабря.

20 февраля

суббота, 10-й лунный день

Нейтральный день!

Пора проявить активность!

Все дела, начатые сегодня, придут к благополучному завершению. Вселенная станет помогать вам — знаками указывая путь.

Что нужно сделать

Обратите внимание:

1. Вы вступаете в резонанс с энергиями дня, если сегодня рвется одежда и аксессуары, стаптывается обувь и ломаются каблуки, отрываются пуговицы и ручки сумок. Это самые яркие знаки Вселенной.
2. В ближайшем будущем вас ждут испытания, если в этот день наваливаются тоска и одиночество.

Дополнительные ритуалы: см. 21 января, 22 марта, 20 апреля, 20 мая, 19 июня, 19 июля, 17 августа, 15 сентября, 15 октября, 13 ноября, 13 декабря.

21 февраля

воскресенье, 11-й лунный день

Нейтральный день!

День преображения и внутренней работы!

Энергии дня способствуют пробуждению либидо, возвращению страсти и желания. Усилит сексуальную привлекательность Кундалини мудра (рис. 4).

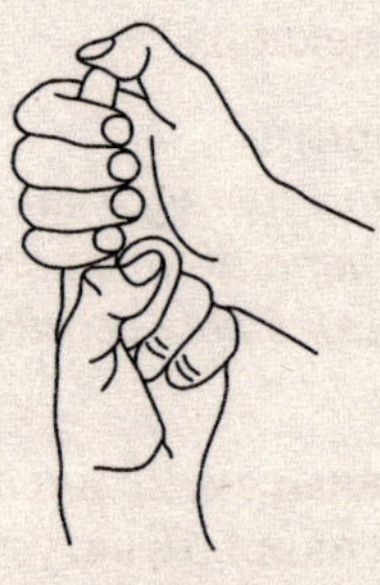

Рис. 4. Кундалини мудра

Что нужно сделать

1. Сожмите в кулак левую руку. Указательный палец вытяните вверх.
2. Правой рукой обхватите этот указательный палец, поместив на него подушечку большого пальца сверху.
3. Держите мудру на уровне области лобка 5–10 минут.
4. Выполняйте мудру 1 раз в день в течение месяца.

Дополнительные ритуалы: см. 22 января, 23 марта, 21 апреля, 21 мая, 20 июня, 20 июля, 18 августа, 16 сентября, 16 октября, 14 ноября, 14 декабря.

22 февраля

понедельник, 12-й лунный день

Благоприятный день!

Прекрасное время, чтобы сделать что-то приятное!

Порадуйте друзей, и к вам обязательно вернется положительная энергия в виде помощи и благополучия. Обратитесь к фэншуй.

Что нужно сделать

При первой возможности приобретите хрустальную люстру, она поможет вам привлечь в ваш дом благую энергию.

В гостиной такая люстра гармонизирует отношения между собравшимися там людьми. В спальне — подарит хороший сон.

Дополнительные ритуалы: см. 23 января, 24 марта, 22 апреля, 22 мая, 21 июня, 21 июля, 19 августа, 17 сентября, 17 октября, 15 ноября, 15 декабря.

23 февраля

вторник, 13-й лунный день

Нейтральный день!

Груз прошлого мешает двигаться вперед!

В достижении успеха вам помогут практики, предназначенные для воспитания воли. Ваша воля, сосредоточенная и направленная в определенную цель, может творить чудеса.

Что нужно сделать

Выполняйте следующие правила:

1. Всегда доводите до конца начатое дело.
2. Старайтесь принимать решения без колебаний, а после принятия решения довести дело до завершения.
3. Увеличивайте каждый день количество физических упражнений. Не забывайте проговаривать аффирмации во время зарядки — это удваивает эффект.

Дополнительные ритуалы: см. 24 января, 25 марта, 23 апреля, 23 мая, 22 июня, 22 июля, 20 августа, 18 сентября, 18 октября, 16 ноября, 16 декабря.

24 февраля

среда, 14-й лунный день

Нейтральный день!

Принимайтесь за самые сложные дела или начинайте новые!

День сулит успех в любых начинаниях. Даст силы и принесет положительные перемены защита бога войны, оккультных знаний Одина.

Что нужно сделать

1. Нарисуйте на листе бумаги руну Анзус (рис. 4).
2. Держа изображение руны в руках, повернитесь лицом к северу и проговорите 3 раза:

«О Улль — гром металла!
К тебе моя мольба!
В пол вершина волос,
Помоги силе дня!

Льдом битвы хвост змеи
Пригвозди, шипы слов
Слуге Викара верни,
Крышей битвы защити!»

3. Держите руну весь день при себе.

Дополнительные ритуалы: см. 25 января, 26 марта, 24 апреля, 24 мая, 23 июня, 23 июля, 21 августа, 19 сентября, 19 октября, 17 ноября, 17 декабря.

Рис. 11. Руна Анзус

25 февраля

четверг, 15-й лунный день

Неблагоприятный день!

Важно поберечь силы!

Самое время выработать легкость к принятию денег. Благосостояние придет к вам так же легко, как вы относитесь к нему. Вам поможет настрой на легкую работу.

Что нужно сделать

Говорите себе:

«Я люблю свое дело, мне нравится много трудиться, это мое добровольное желание. Работа приносит мне радость, я все делаю легко. Удача — в моих руках, успех сопутствует мне всегда и во всем».

Дополнительные ритуалы: см. 26 января, 27 марта, 25 апреля, 25 мая, 24 июня, 24 июля, 22 августа, 20 сентября, 20 октября, 18 ноября, 18 декабря.

26 февраля

пятница, 16-й лунный день

Нейтральный день!

Порядок в мыслях и в доме!

Чтобы привлечь в свою жизнь новое — нужно избавиться от старого. Обратите внимание на юго-западный сектор вашей квартиры. Он отвечает за любовь.

Что нужно сделать

Расчистите образовавшиеся завалы, поставьте эффективные любовные талисманы, такие как парные вазы, две красные свечи, розовые кварцевые сердечки.

Дополнительные ритуалы: см. 27 января, 28 марта, 26–27 апреля, 26 мая, 25–26 июня, 25 июля, 23 августа, 21 сентября, 21 октября, 19 ноября, 19 декабря.

27 февраля

суббота, 17-й лунный день
Полнолуние в 11:18

Неблагоприятный день!

Не создавайте трудностей искусственно!

Сегодня стоит избегать конфликтов. Культивируйте в себе чувство внутренней свободы. Поможет в этом упражнение «Бесконечность».

Что нужно сделать

1. Сядьте на стул, спина прямая, стопы плотно прижаты к полу.
2. Закройте глаза, мысленно рисуйте горизонтальную восьмерку бесконечности.
3. Прислушивайтесь к своим ощущениям и делайте выводы.

Дополнительные ритуалы: см. 28 января, 29 марта, 28 апреля, 27–28 мая, 27 июня, 26 июля, 24 августа, 22 сентября, 22 октября, 20 ноября, 20 декабря.

28 февраля

воскресенье, 18-й лунный день

Нейтральный день!

Время побыть в одиночестве!

Запланируйте простое дело и обязательно прогуляйтесь. Единение с природой поможет вам подключиться к потоку счастья, любви и изобилия.

Что нужно сделать

1. Прогуляйтесь к берегу реки, озера или моря.
2. Сосредоточьте свое внимание на капельках воды, представьте, как их много, протяните руки к источнику и скажите про себя спокойно и уверенно:
   «Мое изобилие безгранично, как Вселенная! Я открыта потоку любви и счастья, которые постоянно наполняют мою жизнь!»

Дополнительные ритуалы: см. 29 января, 30–31 марта, 29 апреля, 29 мая, 28 июня, 27 июля, 25 августа, 23 сентября, 23 октября, 21 ноября, 21 декабря.

МАРТ

1 марта

понедельник, 19-й лунный день

Неблагоприятный день!

Никаких важных дел и решений — день опасный!

Сегодня не лучшее время для сложных дел, зато прекрасный день для того, чтобы попросить прощения у близких, прочитать аффирмации.

Что нужно сделать

Найдите комфортное для себя место и произнесите:

«Я отпускаю свои желания во Вселенную с верой, любовью и благодарностью».

Дополнительные ритуалы: см. 1 января, 30 января, 1 апреля, 30 апреля, 30 мая, 29 июня, 28 июля, 26 августа, 24 сентября, 24 октября, 22 ноября, 22 декабря.

2 марта

вторник, 20-й лунный день

Нейтральный день!

Общение несет много открытий!

Случайное знакомство сегодня может привести к кардинальным положительным изменениям всей вашей жизни.

Что нужно сделать

Придерживайтесь несложных правил:

1. Искренне интересуйтесь собеседником.
2. Больше улыбайтесь.
3. Делайте ему комплименты, но вполне заслуженные.
4. Попросите о необременительном одолжении, например, попросите рассказать о компьютерной программе, о маршруте летнего путешествия и т. д. Людям нравится помогать другим.

Дополнительные ритуалы: см. 2 января, 31 января, 3 марта, 2 апреля, 1 мая, 31 мая, 30 июня, 29 июля, 27 августа, 25 сентября, 25 октября, 23 ноября, 23 декабря.

3 марта

среда, 20-й лунный день

Нейтральный день!

Самое время для перемен!

Этот день прекрасно подходит для любых дел. Чтобы принятое решение принесло вам деньги и удачу, проведите ритуал «Письмо Вселенной».

Что нужно сделать

1. Нарисуйте образ своего желания на небольшой бумажке.
2. Сожгите бумажку над зеленой свечой. Пепел развейте с балкона или из окна, обращаясь при этом с мантрой к небесным помощникам:
   «КЛИМ ХРИШИКЕШАЙА НАМАХ».

Дополнительные ритуалы: см. 2 января, 31 января, 2 марта, 2 апреля, 1 мая, 31 мая, 30 июня, 29 июля, 27 августа, 25 сентября, 25 октября, 23 ноября, 23 декабря.

4 марта

четверг, 21-й лунный день

Нейтральный день!

Пора оградить себя от негатива!

Сегодня ваши установки усиливаются вибрациями дня. Самое время запрограммировать себя на успех. Если от кого-то вы чувствуете скрытую неприязнь, поставьте защиту.

Что нужно сделать

Глядя прямо в глаза неприятному человеку, мысленно произнесите 3 раза:

«Господь воздаст тебе вдвойне все, что ты прочишь мне».

Дополнительные ритуалы: см. 3 января, 1 февраля, 4 марта, 3 апреля, 2 мая, 1 июня, 1 июля, 30 июля, 28 августа, 26 сентября, 26 октября, 24 ноября, 24 декабря.

5 марта

пятница, 22-й лунный день

Нейтральный день!

Знания приносят успех!

Информация сегодня легко усваивается. Активируйте благоприятную энергию своего дома с помощью цветов. Для привлечения любви в свой дом используйте розы.

Что нужно сделать

Сегодня же купите себе розы. Пусть розы окружают вас везде — от очаровательной розочки в вазе на вашем обеденном столе до роскошных букетов в гостиной. Результат будет обязательно!

Дополнительные ритуалы: см. 4–5 января, 2–3 февраля, 4 апреля, 3 мая, 2 июня, 2 июля, 31 июля, 29 августа, 27 сентября, 27 октября, 25 ноября, 25–26 декабря.

6 марта

суббота, 23-й лунный день

Неблагоприятный день!

День без конфликтов и ссор!

Активизируйте южный сектор вашего дома. Эффект не замедлит сказаться: вам будут больше доверять.

Что нужно сделать

Поставьте в южном секторе хрустальную пирамидку — символ стремления вверх, постоянного развития и роста. Ее треугольная форма прекрасно сочетается с элементом юга — Огнем.

Дополнительные ритуалы: см. 6 января, 4 февраля, 5 апреля, 4 мая, 3 июня, 3 июля, 1 августа, 30 августа, 28 сентября, 28 октября, 26 ноября, 27 декабря.

7 марта

воскресенье, 24-й лунный день

Благоприятный день!

Настал момент обратить внимание на свое здоровье!

Что необходимо абсолютно всем людям, чтобы чувствовать себя счастливым? Здоровье! Здоровье вам подарят шарики БАО.

Что нужно сделать

Шарики БАО, или «поющие шары здоровья», используются в восточной медицине. Они помогают поддерживать баланс Инь и Ян в теле. Вращая в ладони шарики здоровья, вы стимулируете многие акупунктурные точки. Быстрое вращение шариков по часовой стрелке увеличивает энергию Ян, в то время как медленное вращение против часовой стрелки увеличивает энергию Инь.

Дополнительные ритуалы: см. 7 января, 5 февраля, 6 апреля, 5 мая, 4 июня, 4 июля, 2–3 августа, 31 августа, 29 сентября, 29–30 октября, 27–28 ноября, 28 декабря.

8 марта

понедельник, 25-й лунный день

Нейтральный день!

Время изменить свое отношение к себе!

Благоприятная энергия вчерашнего дня продолжает действовать. Займитесь собой и своей самооценкой, ведь вы уникальны и неотразимы!

Что нужно сделать

Встаньте перед зеркалом и произнесите 108 раз:

«Я самая привлекательная и очаровательная! Я люблю себя такой, какой создал меня Бог!»

Дополнительные ритуалы: см. 8 января, 6 февраля, 7 апреля, 6 мая, 5 июня, 5 июля, 4 августа, 1–2 сентября, 30 сентября, 1 октября, 31 октября, 29 ноября, 29 декабря.

9 марта

вторник, 26-й лунный день

Нейтральный день!

Жизненные принципы проходят испытание на прочность!

Сегодня второй день Масленицы — Заигрыш. Если будете печь блины, вершите заговор на безбедную жизнь.

Что нужно сделать

Прочитайте заговор 3 раза на тесто для блинов:

«Выходила красна девка Марья, выходила красна девка Федосья, на зорьке ранним-рано расчесывали волосья. Колесо крутили, муку месили, тесто творили, такие слова говорили. Ясно солнышко, свети, весну нам приведи, голодухой не мори, урожаю принеси. Я, раба Божья (назвать имя), *следом шла, те слова слышала, да повторила, да трижды заговорила. Мне, рабе Божьей* (назвать имя), *весну звать, а горя да мора не знать. Аминь, аминь, аминь».*

Оделите блинами всех домашних.

Дополнительные ритуалы: см. 9 января, 7 февраля, 8 апреля, 7 мая, 6 июня, 6 июля, 5 августа, 3 сентября, 2 октября, 1 ноября, 30 ноября, 30 декабря.

10 марта

среда, 27-й лунный день

Нейтральный день!

Красноречие сегодня — это источник благополучия!

Чтобы уберечь себя от любых неприятностей, следите за тем, что вы говорите. При расставании со своей любовью обменяйтесь наузами-неразлучниками.

Что нужно сделать

1. Сплетите талисман из красного шнура (рис. 5).
2. Обменяйтесь оберегами с признанием в любви.
3. Талисман будет оберегать вашу любовь в разлуке.

Дополнительные ритуалы: см. 10 января, 8 февраля, 9 апреля, 8 мая, 7 июня, 6 августа, 4 сентября, 3 октября, 2 ноября, 1 декабря, 31 декабря.

Рис. 5. Этапы создания науза-неразлучника

11 марта

четверг, 28-й лунный день

Благоприятный день!

Время для активных действий!

В этот день идет процесс алхимии души и духовного прозрения. Нам дается возможность познать и обрести цель жизни. Пора овладеть «осознанным сновидением».

Что нужно сделать

Чтобы работать со снами, надо осознавать, что вы во сне. На первом этапе следует попытаться увидеть во сне свои руки. Бодрствуя, посмотрите на обе свои руки, потом закройте глаза и усните с уверенностью, что во сне будет осознание.

Когда вы четко увидите во сне свои руки, но при этом не проснетесь, попробуйте полетать. Летая во сне, мы решаем на физическом плане многие проблемы.

Дополнительные ритуалы: см. 11 января, 9 февраля, 10 апреля, 9 мая, 8 июня, 8 июля, 7 августа, 5 сентября, 4 октября, 3 ноября, 2 декабря.

12 марта

пятница, 29-й лунный день

Неблагоприятный день!

Займитесь собой!

Не тратьте энергию, потери могут быть невосполнимы. Займитесь простыми делами. Для улучшения здоровья используйте силу иероглифа.

Что нужно сделать

Иероглиф «Здоровье» (рис. 6) несет в себе пожелание долгих лет жизни. Изображение этого иероглифа станет прекрасным подарком для пожилых людей. Этот иероглиф можно разместить в восточном секторе дома или квартиры или в спальне около кровати.

Дополнительные ритуалы: см. 12 января, 10 февраля, 11 апреля, 10 мая, 9 июня, 9 июля, 6 сентября, 5 октября, 4 ноября, 3 декабря.

健康

Рис. 6. Иероглиф «Здоровье»

13 марта

суббота, 30–1-й лунные дни
Новолуние в 13:22

Нейтральный день!

Загадайте любовь!

В этот день закладывается информация, которая в будущем обязательно принесет свои плоды. Избавьтесь от страха быть счастливым.

Что нужно сделать

1. Купите самое красивое яблоко.
2. Разрежьте его пополам, соедините половинки и свяжите красной нитью, проговорив:
   «Как половинки яблока друг другу подходят, так и любовь меня ищет и находит!»
3. Оставьте яблоко под плодовым деревом в безлюдном месте.

Дополнительные ритуалы: см. 11 февраля, 11 мая, 10 июня, 10 июля, 6 октября, 4 декабря.

14 марта

воскресенье, 2-й лунный день

Нейтральный день!

Общение принесет радость!

Энергии дня благоприятствуют творчеству и путешествиям. Сегодня вы получаете все нужные для осуществления своей мечты средства.

Что нужно сделать

Следите за знаками, которые подает вам Вселенная:

- зубная боль, болезни нёба, рта, высыпания на губах говорят о том, что что-то вы делаете неправильно;
- гость издалека указывает на восстановление полезных связей;
- если во сне вы не могли решить какую-то проблему, наяву она решится без затруднений.

Дополнительные ритуалы: см. 12 февраля, 12 мая, 11 июня, 11 июля, 9 августа, 7 октября, 5 декабря.

15 марта

понедельник, 3-й лунный день

Нейтральный день!

Пора очистить душу и тело!

У православных сегодня начинается Великий пост, который продлится до Пасхи (2 мая). Необходимо проводить очистительные упражнения для астрала, практики по накоплению энергии. В этом вам помогут физические упражнения и массаж.

Что нужно сделать

1. Хорошо помассируйте уши. Любые жесткие участки или боль при массаже свидетельствуют о тех или иных проблемах в организме.
2. Сделайте массаж затылка. Здесь также много биоактивных зон. В этот день они наиболее восприимчивы.

Дополнительные ритуалы: см. 14 января, 13 февраля, 13 апреля, 13 мая, 12 июня, 12 июля, 10 августа, 8 сентября, 8 октября, 6 ноября, 6 декабря.

16 марта

вторник, 4-й лунный день

Нейтральный день!

Никаких поспешных решений!

Сегодня не следует начинать новых дел и постигать незнакомые вершины. В этот день наиболее сильна магия слова. Вернуть ощущение стабильности и удовлетворения поможет исцеляющий звук «Е».

Что нужно сделать

1. Расслабьтесь.
2. Пойте на высоких тонах звук «Е» 3–5 минут, ощущая его гармонизирующее воздействие.

Дополнительные ритуалы: см. 15 января, 14 февраля, 14 апреля, 14 мая, 13 июня, 13 июля, 11 августа, 9 сентября, 9 октября, 7 ноября, 7 декабря.

17 марта

среда, 5-й лунный день

Нейтральный день!

Вперед к новым знаниям и переменам!

В этот день прекрасно усваивается любая информация. Все дела даются легко, особенно если вы идете к своей цели. Чтобы путешествия приносили радость, следуйте рекомендациям фэншуй.

Что нужно сделать

Поместите в северо-западном секторе квартиры изображения экзотических стран, карты или поставьте глобус.

Дополнительные ритуалы: см. 16 января, 15 февраля, 15 апреля, 15 мая, 14 июня, 14 июля, 12 августа, 10 сентября, 10 октября, 8 ноября, 8 декабря.

18 марта

четверг, 6-й лунный день

Благоприятный день!

Важно не пропустить нужную информацию!

Сегодня важно сохранить рассудительность и уравновешенность. Для повышения благосостояния используйте магическую силу кунжута.

Что нужно сделать

Наполните небольшую чашу кунжутом и оставьте ее открытой в зоне богатства (юго-восточной области жилища).

Дополнительные ритуалы: см. 17 января, 16 февраля, 16 апреля, 16 мая, 15 июня, 15 июля, 13 августа, 11 сентября, 11 октября, 9 ноября, 9 декабря.

19 марта

пятница, 7-й лунный день

Благоприятный день!

Пора сделать что-то хорошее!

Мыслите позитивно. В этот день можно подарить кому-нибудь из близких статуэтку Манеки-нэко (денежного кота).

Что нужно сделать

Этот древний символ богатства и удачи можно изготовить самому, например, из глины или соленого теста. Манеки-нэко — это толстенький котик с одной поднятой лапкой. Чтобы притягивать любовь, статуэтка должна быть розового цвета.

Дополнительные ритуалы: см. 18 января, 17 февраля, 17 апреля, 17 мая, 16 июня, 16 июля, 14 августа, 12 сентября, 12 октября, 10 ноября, 10 декабря.

20 марта

суббота, 8-й лунный день

Нейтральный день!

Время открыть путь будущему!

Чтобы кардинально улучшить свою жизнь, настроиться на перемены, проведите ритуал «Я готова отпустить прошлое».

Что нужно сделать

1. Расслабьтесь, закройте глаза.
2. Представьте, как со всех сторон на вас спускаются разноцветные потоки (розовый, желтый, голубой). Вы чувствуете, как от них тепло растекается по всему телу.
3. Проговорите:
   «Я готова к принятию перемен, я отпускаю прошлое и открыта для счастливого будущего!»

Дополнительные ритуалы: см. 19 января, 18 февраля, 18 апреля, 18 мая, 17 июня, 17 июля, 15 августа, 13 сентября, 13 октября, 11 ноября, 11 декабря.

21 марта

воскресенье, 9-й лунный день

Неблагоприятный день!

Ответственность и завершение старых дел!

Если весь день идет не так и все не ладится — это дают о себе знать ваши прошлые нерешенные проблемы. В этой ситуации вам поможет слово-лекарь ША (рис. 7).

Что нужно сделать

1. Повторите слово-лекарь 4 раза.
2. Закройте глаза. Обдумайте то дело, о достойном финале которого вы мечтаете. Четко представьте, что именно вы хотите получить в итоге.
3. Теперь представьте себя стоящим перед пьедесталом почета. Смело взойдите на его верхнюю ступень. Вы слышите восторженные крики. Это все в вашу честь — сегодня вы победитель. Насладитесь своим успехом, дающим вам силы для новых свершений.
4. Четко произнесите:
   «ША ставит точку в моем деле».

Дополнительные ритуалы: см. 20 января, 19 февраля, 19 апреля, 19 мая, 18 июня, 18 июля, 16 августа, 14 сентября, 14 октября, 12 ноября, 12 декабря.

Рис. 13. Слово-лекарь ША

22 марта

понедельник, 10-й лунный день

Нейтральный день!

Решительность в денежных вопросах!

Ищите средства для достижения целей — это может быть приработок или новая возможность для экономии. Сегодня вам также могут помочь другие люди.

Что нужно сделать

Утром вспомните (посмотрите на фотографию) человека, который мог бы вам помочь, произнесите:

> *«Я месяц, ты звезда, месяц звездам приказывает, и я тебе приказываю: делай, что я велю, а не что ты хочешь. Аминь».*

Впоследствии перед разговором с этим человеком мысленно повторите заговор.

Дополнительные ритуалы: см. 21 января, 20 февраля, 20 апреля, 20 мая, 19 июня, 19 июля, 17 августа, 15 сентября, 15 октября, 13 ноября, 13 декабря.

23 марта

вторник, 11-й лунный день

Нейтральный день!

Сомнительные мероприятия опасны!

Чтобы обезопасить себя от обмана и зависти в финансовых вопросах, обратитесь за помощью к богу плодородия Тору.

Что нужно сделать

1. Нарисуйте на бумаге руну Туризас (рис. 8).

Рис. 6. Руна Туризас

2. Повернитесь лицом к югу и произнесите 4 раза:

«О Земли Сын, недруг
Змея мирового!
Не обойди лаской,
Расположением!
Защитник Асгарда,
Отведи опасность
И Некков пение
Не дай правдой принять!»

3. Носите изображение руны с собой весь день.

Дополнительные ритуалы: см. 22 января, 21 февраля, 21 апреля, 21 мая, 20 июня, 20 июля, 18 августа, 16 сентября, 16 октября, 14 ноября, 14 декабря.

24 марта

среда, 12-й лунный день

Благоприятный день!

Активная деятельность может пойти во вред здоровью!

Сегодня попробуйте наполнить ваше тело живительной энергией природы, которую дадут листья и плоды. Сделайте разгрузочный день.

Что нужно сделать

- Ешьте только овощные салаты, заправленные растительным маслом.
- Особое удовольствие доставит употребление орехов и семечек.
- Пейте много фруктовых соков.

Дополнительные ритуалы: см. 23 января, 22 февраля, 22 апреля, 22 мая, 21 июня, 21 июля, 19 августа, 17 сентября, 17 октября, 15 ноября, 15 декабря.

25 марта

четверг, 13-й лунный день

Нейтральный день!

Уроки судьбы требуют оглянуться назад!

Сегодня многие ситуации повторяются, возвращаются к нам, как плохо выполненные уроки. Займитесь своим здоровьем. Очистить печень можно при помощи овсяного отвара.

Что нужно сделать

1. Поместите стакан зерен овса в кастрюлю и залейте 1 литром воды.
2. Варите на слабом огне 20 минут.
3. Готовый отвар остудите и процедите.
4. Принимайте настой 4 раза в день по половине стакана 2 месяца.

Дополнительные ритуалы: см. 24 января, 23 февраля, 23 апреля, 23 мая, 22 июня, 22 июля, 20 августа, 18 сентября, 18 октября, 16 ноября, 16 декабря.

26 марта

пятница, 14-й лунный день

Нейтральный день!

Самое время попросить о повышении на работе!

Не бойтесь предлагать свои идеи, высказывать мнение. Для делового успеха прочитайте мантры.

Что нужно сделать

Произнесите 108 раз:

«ОМ ХРИМ ШРИМ ШРИМ ШРИМ ШРИМ ШРИМ ШРИМ ШРИМ ЛАКШМИ МАМ ГРАХЕ ПУРАЙЕ ПУРАЙЕ ЧИНТА ДУРАЙЕ ДУРАЙЕ СВАХА».

Дополнительные ритуалы: см. 25 января, 24 февраля, 24 апреля, 24 мая, 23 июня, 23 июля, 21 августа, 19 сентября, 19 октября, 17 ноября, 17 декабря.

27 марта

суббота, 15-й лунный день

Неблагоприятный день!

Внимательность и осторожность!

Сегодня обязательно выспитесь. Ведь недосыпание — один из первейших врагов женской красоты и здоровья!

Что нужно сделать

1. Расслабьтесь перед сном. Подумайте о чем-нибудь хорошем, послушайте музыку для релаксации: шум волн, шелест пальмовых листьев.
2. Проветрите комнату.
3. Соблюдайте «предсонную» диету — запрет на жирное, острое, копченое, чай, кофе за 3 часа до сна.
4. Учитывайте биологические часы. Эффективен сон до 12 часов ночи.

Дополнительные ритуалы: см. 26 января, 25 февраля, 25 апреля, 25 мая, 24 июня, 24 июля, 22 августа, 20 сентября, 20 октября, 18 ноября, 18 декабря.

28 марта

воскресенье, 16-й лунный день
Полнолуние в 21:49

Неблагоприятный день!

Спокойствие и уравновешенность!

Это день справедливости и духовного очищения. Не бойтесь сегодня принимать кардинальные решения, переворачивающие всю жизнь. Быстро успокоиться вам поможет ряд действий.

Что нужно сделать

1. Постарайтесь вырваться из стрессовой ситуации, уйдите домой, или, наоборот, пойдите прогуляться.
2. Дайте себе физическую нагрузку: пробежка, быстрая ходьбы, стирка белья вручную, что угодно, главное — вы должны выпустить пар.
3. Используйте воду, начиная с созерцания течения реки до активных водных процедур.

4. Вспомните о чем-нибудь хорошем, посмотрите любимый фильм, полистайте добрую книгу.
5. Когда вы придете в норму, проанализируйте травмирующую вас ситуацию.

Дополнительные ритуалы: см. 27 января, 26 февраля, 26–27 апреля, 26 мая, 25–26 июня, 25 июля, 23 августа, 21 сентября, 21 октября, 19 ноября, 19 декабря.

29 марта

понедельник, 17-й лунный день

Нейтральный день!

Восхищение собой!

Сегодня важно сегодня найти возможность похвалить себя, найти поводы для уважения и гордости собой. Ведь, если вы не будете любить себя, как же вас будут любить другие?

Что нужно сделать

1. Распространяйте любовь повсюду, где бы вы ни находились.
2. Настройтесь только на позитивный результат работы над собой, и, когда вы увидите первые положительные плоды, это вдохновит вас на дальнейшее совершенствование.

Дополнительные ритуалы: см. 28 января, 27 февраля, 28 апреля, 27–28 мая, 27 июня, 26 июля, 24 августа, 22 сентября, 22 октября, 20 ноября, 20 декабря.

30 марта

вторник, 18-й лунный день

Нейтральный день!

Сохраняйте объективность!

Энергии дня делают человека инертным, покорным чужой воле. Не позволяйте мошенникам вас обмануть. Обратитесь к магической силе меди.

Что нужно сделать

1. Возьмите медное колечко, дуньте сквозь него 3 раза и проговорите:
   «Коли обманешь, сам колом встанешь!»
2. Надевайте кольцо всякий раз, когда отправляетесь на важную встречу или за покупками.

Дополнительные ритуалы: см. 29 января, 28 февраля, 31 марта, 29 апреля, 29 мая, 28 июня, 27 июля, 25 августа, 23 сентября, 23 октября, 21 ноября, 21 декабря.

31 марта

среда, 18-й лунный день

Нейтральный день!

Уход за собой отвлечет от грустных мыслей!

Сегодня продолжается влияние предыдущего дня. От важных дел лучше отказаться. Займитесь внешним видом ногтей.

Что нужно сделать

С помощью правильно выбранного цвета можно скрыть многие недостатки ногтей. Слишком короткие ногти зрительно удлиняют светлые и перламутровые тона.
Для ногтей, которые испещрены бороздками или неровностями, подойдут лаки темных оттенков.
Длинные округлой формы ногти украсят любые насыщенные оттенки — от светлых до темных.

Дополнительные ритуалы: см. 29 января, 28 февраля, 30 марта, 29 апреля, 29 мая, 28 июня, 27 июля, 25 августа, 23 сентября, 23 октября, 21 ноября, 21 декабря.

АПРЕЛЬ

1 апреля

четверг, 19-й лунный день

Неблагоприятный день!

Интерьер привлекает удачу!

Важные рабочие вопросы сегодня по возможности лучше отложить. Купите свечи. Их цвет сможет усилить вашу удачу.

Что нужно сделать

Розовые свечи — разжигают любовь.
Синие — успокаивают.
Красные свечи привлекают успех, увеличивают чувственность.
Желтые свечи наполняют энергией оптимизма и творчества.
Зеленые привносят в дом гармонию, мир, силы для исцеления от болезней.

Дополнительные ритуалы: см. 1 января, 30 января, 1 марта, 30 апреля, 30 мая, 29 июня, 28 июля, 26 августа, 24 сентября, 24 октября, 22 ноября, 22 декабря.

2 апреля

пятница, 20-й лунный день

Нейтральный день!

Пора взяться за дело!

Проявите настойчивость в разрешении важных вопросов. Для привлечения счастливой любви используйте веер — важный талисман арсенала фэншуй!

Что нужно сделать

Надо повесить веер с изображением пионов, птичек или Дракона с Фениксом в спальне девушки, и ее личная жизнь изменится к лучшему! А для привлечения удачи перед выходом из дома следует обмахивать себя веером.

Дополнительные ритуалы: см. 2 января, 31 января, 2–3 марта, 1 мая, 31 мая, 30 июня, 29 июля, 27 августа, 25 сентября, 25 октября, 23 ноября, 23 декабря.

3 апреля

суббота, 21-й лунный день

Нейтральный день!

Активность принесет свои плоды!

День подходит для занятия торговлей, бизнесом. Для того чтобы заработанные деньги из дома не уходили и только прибывали, воспользуйтесь силой заговора.

Что нужно сделать

Наверняка дома вы храните деньги в особом месте, всякий раз, когда вы пополняете свои денежные запасы (например, в день зарплаты), проговаривайте заговор:

> *«Стану я, раба Божья* (назвать имя)*, благословясь, пойду, перекрестясь, из дверей в двери, из ворот в ворота, в чистое поле, в широкое раздолье под восток, под восточну сторону, на окиян-море. В окиян-море рыба-щука ходит. Как рыба-щука без воды не живет, так бы и денежки без меня жить-быть не могли, ко мне приходили, всегда при мне были. Аминь. Аминь. Аминь».*

Дополнительные ритуалы: см. 3 января, 1 февраля, 4 марта, 2 мая, 1 июня, 1 июля, 30 июля, 28 августа, 26 сентября, 26 октября, 24 ноября, 24 декабря.

4 апреля

воскресенье, 22-й лунный день

Нейтральный день!

Самосовершенствование и саморазвитие!

Сегодня активизируется умственная энергия. День прекрасно подходит для саморазвития, продвижения своей карьеры. Обратитесь к иероглифам.

Что нужно сделать

Иероглиф «Любовь» (рис. 9) приносит счастье в личных отношениях, делает гармоничным супружество, приносит партнерам взаимопонимание и уважение друг к другу. Изображение этого иероглифа благоприятно поместить в юго-западном секторе или носить с собой в виде амулета.

Дополнительные ритуалы: см. 4–5 января, 2–3 февраля, 5 марта, 3 мая, 2 июня, 2 июля, 31 июля, 29 августа, 27 сентября, 27 октября, 25 ноября, 25–26 декабря.

Рис. 9. Иероглиф «Любовь»

5 апреля

понедельник, 23-й лунный день

Неблагоприятный день!

Негативные воспоминания притягивают неудачу!

Сегодня может обостриться душевная боль по несостоявшимся отношениям. Отпустите свои переживания, чтобы защититься от депрессии.

Что нужно сделать

1. Уничтожьте все вещи, напоминающие вам о прошлых отношениях.

2. Примите факт, что вы не можете изменить случившееся.
3. Перестаньте себя жалеть.
4. Найдите преимущества в расставании.
5. Отвлекитесь работой, хобби, шопингом и т. д.

Дополнительные ритуалы: см. 6 января, 4 февраля, 6 марта, 4 мая, 3 июня, 3 июля, 1 августа, 30 августа, 28 сентября, 28 октября, 26 ноября, 27 декабря.

6 апреля

вторник, 24-й лунный день

Благоприятный день!

Время для долгосрочных проектов!

Именно сегодня нужно активизировать энергию изобилия и богатства, обратившись к богу летнего солнца, покровителю плодородия Фрейру.

Что нужно сделать

1. Нарисуйте руну Феху на листе бумаги (рис. 10),
2. Встаньте лицом на запад и, держа перед собой рисунок, проговорите:

   «О, потомок валов,
   Пламя вод, лед тигля
   Посылающий нам!
   Не оставь без ока
   Участия своего!
   Щедрой силой лука
   Мой терем золотым
   Тельцом осемени!»

3. Лист бумаги с руной положите в кошелек.

Дополнительные ритуалы: см. 7 января, 5 февраля, 7 марта, 5 мая, 4 июня, 4 июля, 2–3 августа, 31 августа, 29 сентября, 29–30 октября, 27–28 ноября, 28 декабря.

Рис. 21. Руна Феху

7 апреля

среда, 25-й лунный день

Нейтральный день!

Свежая энергия требует пространства!

Сегодня оказывает влияние энергетика вчерашнего дня. Вам стоит избавиться от всякого хлама. В том числе и от изживших себя отношений. В этом вам поможет заговор.

Что нужно сделать

Перед сном прочитайте 3 раза:

«Гора с горой не сходится, выйду на долину, на таку большу тропину, возьму себе землину, выйду на широкий луг, посмотрю на все четыре стороны, нейдет ли (имя мужчины), *и кину, и брошу я в чисто поле; и как гора с горой не сходится, так бы и* (имя мужчины) *не сходился и не сдвигался».*

Дополнительные ритуалы: см. 8 января, 6 февраля, 8 марта, 6 мая, 5 июня, 5 июля, 4 августа, 1–2 сентября, 30 сентября, 1 октября, 31 октября, 29 ноября, 29 декабря.

8 апреля

четверг, 26-й лунный день

Нейтральный день!

Пора снизить активность и отдохнуть!

Используйте этот день для накопления энергии. Не стоит начинать новые дела, переутомляться. Примите аромаванну — прекрасное средство от депрессии и апатии.

Что нужно сделать

1. Включите спокойную музыку.
2. Примите аромаванну. Достаточно 5–10 капель эфирного масла бергамота. Свежий цитрусовый, с легким пряно-бальзамическим оттенком аромат поможет разогнать тоску, уныние, зарядит жизненной энергией.

Дополнительные ритуалы: см. 9 января, 7 февраля, 9 марта, 7 мая, 6 июня, 6 июля, 5 августа, 3 сентября, 2 октября, 1 ноября, 30 ноября, 30 декабря.

9 апреля

пятница, 27-й лунный день

Нейтральный день!

Пора дать отпор стрессам и тревогам!

Если сегодня относиться ко всему спокойно, то вам удастся добиться желанной цели. Вам поможет безусловная любовь к себе.

Что нужно сделать

Станьте сами для себя генератором энергии любви. Начиная с сегодняшнего дня утром после пробуждения и перед сном шепчите:

«Я люблю тебя, я люблю себя. Люблю! Люблю! Люблю!»

Дополнительные ритуалы: см. 10 января, 8 февраля, 10 марта, 8 мая, 7 июня, 6 августа, 4 сентября, 3 октября, 2 ноября, 1 декабря, 31 декабря.

10 апреля

суббота, 28-й лунный день

Благоприятный день!

Прекрасные перемены ждут!

Сегодня обратимся к маникюру. В философии фэншуй каждый палец на руке отвечает за определенную сферу жизни. Особое значение имеет правая рука, так как левая усиливает то, от чего нам бы хотелось избавиться.

Что нужно сделать

Выделив ноготь цветом, который вам нравится, или украшениям, стразами, рисунком, вы усилите нужные энергии.

Большой палец отвечает за умственную работу.

Указательный — за уверенность в себе.

Средний — за достаток.

Безымянный — за любовь и семейные узы.

Мизинец — за душевное спокойствие.

Дополнительные ритуалы: см. 11 января, 9 февраля, 11 марта, 9 мая, 8 июня, 8 июля, 7 августа, 5 сентября, 4 октября, 3 ноября, 2 декабря,

11 апреля

воскресенье, 29-й лунный день

Неблагоприятный день!

Ощущение счастья легко вернуть!

Энергии дня оказывают негативное воздействие на людей. Портится настроение и ухудшается самочувствие. Сегодня вам поможет мудра, возвращающая ощущение счастья.

Что нужно сделать

1. Сядьте прямо.
2. Выполните мудру (рис. 11): руки, согнутые в локтях, раздвиньте чуть в стороны, ладони развернуты вовне. Пальцы сложить как на рисунке.
3. Уделите практике 3–5 минут, при этом старайтесь дышать глубоко и не спеша.

Дополнительные ритуалы: см. 12 января, 10 февраля, 12 марта, 10 мая, 9 июня, 9 июля, 6 сентября, 5 октября, 4 ноября, 3 декабря.

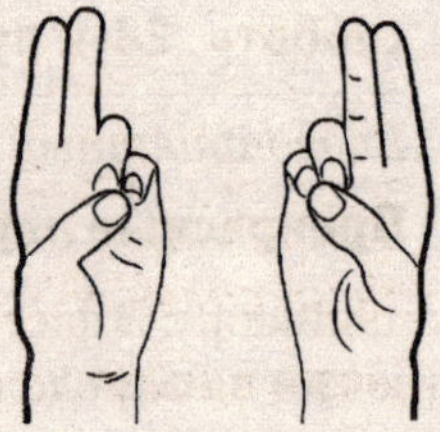

Рис. 11. Мудра, возвращающая ощущение счастья

12 апреля

понедельник, 1–2 лунные дни
Новолуние в 07:32

Нейтральный день!

Время планировать дела.
Все реализуется!

Сегодня важно радоваться и гнать от себя негативные мысли. Поднимите себе настроение при помощи ароматов. Эфирные масла начинают «работать» через 7 секунд!

Что нужно сделать

Очень хорошо для поднятия настроения подходит эфирное масло грейпфрута, оно заряжает жизненной энергией, наполняет душу радостью.

Масло бергамота — разгоняет тоску, возвращает к жизни самых безнадежных пессимистов, раскрепощает и помогает расцвести улыбкам.

Дополнительные ритуалы: см. 13 января, 7 сентября, 5 ноября.

13 апреля

вторник, 3-й лунный день

Нейтральный день!

Пора проявить самостоятельность!

Сегодня не стоит браться за все дела подряд, вы рискуете не сделать ничего. Для развития в себе умения концентрации выполните несложное упражнение.

Что нужно сделать

1. Уединитесь, расслабьтесь, отпустите все мысли.
2. Обратите внимание на большой палец правой руки. Внимательно рассматривайте каждую черточку. Сконцентрируйтесь только на нем, не допуская никаких других мыслей. Удерживайте свое внимание не менее 5 минут.

Дополнительные ритуалы: см. 14 января, 13 февраля, 15 марта, 13 мая, 12 июня, 12 июля, 10 августа, 8 сентября, 8 октября, 6 ноября, 6 декабря.

14 апреля

среда, 4-й лунный день

Нейтральный день!

Сегодня красота в приоритете!

День спокойный и приятный. Самое время для занятий своей внешностью. Сегодня я расскажу вам о волшебной маске для лица, которая преображает любую кожу.

Что нужно сделать

1. Промойте небольшой кусочек свежего корня имбиря, очистите и натрите на мелкой терке.
2. Смешайте с натуральным соком граната до консистенции, удобной для нанесения.
3. Нанесите на чистую кожу лица и шеи и оставьте на 30 минут.
4. Смойте прохладной, отстоянной водой.

Дополнительные ритуалы: см. 15 января, 14 февраля, 16 марта, 14 мая, 13 июня, 13 июля, 11 августа, 9 сентября, 9 октября, 7 ноября, 7 декабря.

15 апреля

четверг, 5-й лунный день

Нейтральный день!

Информация несет удачу!

Сегодня Вселенная дает нам понять, что активирует наше развитие, а что тормозит. Для того чтобы в организм попали только полезные вещества в этот день полезно вершить заговоры на пищу.

Что нужно сделать

Перед едой проговорите над блюдом:

«Что Господь послал, то на стол положу. На стол положу, родню угощу, пусть пища на пользу идет, на пользу идет, хворобу отпугнет. Аминь!»

Дополнительные ритуалы: см. 16 января, 15 февраля, 17 марта, 15 мая, 14 июня, 14 июля, 12 августа, 10 сентября, 10 октября, 8 ноября, 8 декабря.

16 апреля

пятница, 6-й лунный день

Благоприятный день!

Уединение и медитация!

Не пытайтесь ничего изменить, воспринимайте вещи, такими, как они есть. Сегодня вечером хорошо принять травяную ванну.

Что нужно сделать

1. Купите травяной сбор (валериана, лаванда или пустырник), заварите кипятком, дайте чуть-чуть настояться и процедите.
2. Вылейте в ванну.
3. Погрузитесь в воду и проговорите аффирмацию: *«Божественная любовь наполняет мою душу!»*

Дополнительные ритуалы: см. 17 января, 16 февраля, 18 марта, 16 мая, 15 июня, 15 июля, 13 августа, 11 сентября, 11 октября, 9 ноября, 9 декабря.

17 апреля

суббота, 7-й лунный день

Благоприятный день!

Настало время освежить свои чувства!

Сегодня благоприятно наладить отношения с близкими родственниками. А поскольку этот день связан с духами природы, имеет смысл прогуляться по свежему воздуху.

Что нужно сделать

Выберите маршрут, который проходит мимо воды и деревьев (в парке, сквере, у реки). Если есть возможность, съездите за город. В компании родных и близких походите по лесу, глубоко подышите.

Дополнительные ритуалы: см. 18 января, 17 февраля, 19 марта, 17 мая, 16 июня, 16 июля, 14 августа, 12 сентября, 12 октября, 10 ноября, 10 декабря.

18 апреля

воскресенье, 8-й лунный день

Нейтральный день!

Все происходящее — это божественные уроки!

Сегодня нежелательно и даже очень опасно гневаться и раздражаться. Любая обида произрастает из того, что кто-то поступает не так, как вы того ожидали.

Что нужно сделать

Когда у вас возникает обида на кого-то из окружения, мысленно скажите:

> *«Стоп! Я не жду от тебя* (озвучить поступок), *как не жду этого от ветра, дождя, погоды! Пусть все идет как идет! Ты волен поступать по своему разумению!»*

Дополнительные ритуалы: см. 19 января, 18 февраля, 20 марта, 18 мая, 17 июня, 17 июля, 15 августа, 13 сентября, 13 октября, 11 ноября, 11 декабря.

19 апреля

понедельник, 9-й лунный день

Неблагоприятный день!

Очищение от грязи — духовной и физической!

Защититься от порчи вам поможет специальный заговор.

Что нужно сделать

Утром возьмите свою повседневную одежду, положите на нее икону Спасителя, перекрестите вещь трижды и прочитайте:

> *«Шел Иисус Христос по дороге, собирал с лес воду, с трав росу рабе* (назвать имя) *на доброе здоровье: от призора, от злого глаза, от голубого, от черного, от своего болтливого языка».*

Наденьте ее на работу, а вечером снимите да постирайте.

Дополнительные ритуалы: см. 20 января, 19 февраля, 21 марта, 19 мая, 18 июня, 18 июля, 16 августа, 14 сентября, 14 октября, 12 ноября, 12 декабря.

20 апреля

вторник, 10-й лунный день

Нейтральный день!

Любые усилия приблизят к цели!

Прислушайтесь к себе, ваше тело укажет на проблему. Если вы чувствуете упадок сил и недомогание, значит, у вас что-то не так с энергетикой.

Что нужно сделать

Чтобы исправить положение, обратитесь к научной молитве Джозефа Мерфи:

> *«Бесконечная мудрость ведет и направляет меня, укажет мне лучший путь к выполнению моих желаний. Я знаю, что глубокая проницательность моего подсознания победит и осуществит все мои мысли, чувства и представления. Во мне и вокруг меня царят гармония, уравновешенность и душевный мир».*

Дополнительные ритуалы: см. 21 января, 20 февраля, 22 марта, 20 мая, 19 июня, 19 июля, 17 августа, 15 сентября, 15 октября, 13 ноября, 13 декабря.

21 апреля

среда, 11-й лунный день

Нейтральный день!

Осторожность не помешает!

Чтобы обезопасить себя от обмана и зависти, от энергетического истощения, обязательно проведите защитный ритуал.

Что нужно сделать

1. При общении с человеком, при разговоре с которым вы чувствуете дискомфорт, представьте, что вас окружают толстые стены.
2. Постарайтесь удерживать этот мысленный образ на протяжении все беседы.

Дополнительные ритуалы: см. 22 января, 21 февраля, 23 марта, 21 мая, 20 июня, 20 июля, 18 августа, 16 сентября, 16 октября, 14 ноября, 14 декабря.

22 апреля

четверг, 12-й лунный день

Благоприятный день!

Самое лучшее время для помощи окружающим людям!

День подходит для благотворительности, дарения подарков. Приготовьте для себя и своих близких денежные чаи.

Что нужно сделать

За основу возьмите «денежные травы»: майоран, базилик, бергамот, мяту, жасмин, корицу, имбирь и т. д. и к ним прибавьте «семейные добавки» (несущие вибрации любви и дружбы): бруснику, шиповник, землянику, мед, смородину, рябину.

Дополнительные ритуалы: см. 23 января, 22 февраля, 24 марта, 22 мая, 21 июня, 21 июля, 19 августа, 17 сентября, 17 октября, 15 ноября, 15 декабря.

23 апреля

пятница, 13-й лунный день

Нейтральный день!

Решительные шаги к своему счастью!

Энергии дня побуждают к решительным действиям. Если вы стремитесь к переменам в личной жизни, вам поможет науз на любовь.

Что нужно сделать

1. Возьмите белые натуральные нити, сплетите любым способом браслет.
2. Завяжите его на 3 узелка на правом запястье, каждый раз приговаривая:
   «На любовь!»
3. Не снимайте, пока ваше желание не осуществится.

Ритуал проводится только в пятницу.

Дополнительные ритуалы: см. 24 января, 23 февраля, 25 марта, 23 мая, 22 июня, 22 июля, 20 августа, 18 сентября, 18 октября, 16 ноября, 16 декабря.

24 апреля

суббота, 14-й лунный день

Нейтральный день!

День хорош для любых начинаний!

Если вы пускаете свои отношения на самотек, это может привести их к рутине. Самое время вернуть искру в ваши отношения. Создайте травяной оберег.

Что нужно сделать

1. Купите или сшейте небольшой красный мешочек.
2. Приобретите высушенные плоды шиповника.
3. Положите шиповник в мешочек и зашейте — это и будет оберег.
4. Возьмите оберег в руки, проговорите: *«Как шиповник колкий за жизнь цепляется, так и моя привлекательность, любовь возвращается».*
4. Носите мешочек в сумочке в потайном кармане.

Дополнительные ритуалы: см. 25 января, 24 февраля, 26 марта, 24 мая, 23 июня, 23 июля, 21 августа, 19 сентября, 19 октября, 17 ноября, 17 декабря.

25 апреля

воскресенье, 15-й лунный день

Неблагоприятный день!

Духовное совершенствование!

В этот день вокруг вас множество соблазнов: лень, желание поспорить. Не поддавайтесь! Сегодня Вербное воскресенье — большой православный праздник. Очистите свой дом от негатива.

Что нужно сделать

Поставьте веточки вербы в центре квартиры, на окне, а также в зонах с отрицательной энергией. Эти зоны очень легко определить, достаточно вспомнить, где чаще всего бьется посуда, быстрее вянут цветы, ухудшается самочувствие.

Дополнительные ритуалы: см. 26 января, 25 февраля, 27 марта, 25 мая, 24 июня, 24 июля, 22 августа, 20 сентября, 20 октября, 18 ноября, 18 декабря.

26 апреля

понедельник, 16-й лунный день

Нейтральный день!

Наведите порядок в своем доме!

Сегодня удачу принесут медитации, позитивные настрои. Используйте фэншуй, чтобы подготовить идеальную спальню, располагающую к любви.

Что нужно сделать

Войдите в свою спальню и осмотритесь: уберите все лишнее, включите мягкое освещение, застелите свежим бельем удобную кровать. Сделайте так, чтобы спальня давала вам возможность расслабиться. Можно перед сном включить приятную вам спокойную музыку.

Дополнительные ритуалы: см. 27 января, 26 февраля, 28 марта, 27 апреля, 26 мая, 25–26 июня, 25 июля, 23 августа, 21 сентября, 21 октября, 19 ноября, 19 декабря.

27 апреля

вторник, 16-й лунный день
Полнолуние в 06:33

Неблагоприятный день!

Сегодня удачу принесут позитивные настрои!

Продолжают оказывать влияние энергии вчерашнего дня. Вернитесь к обустройству спальни, располагающей к любви.

Что нужно сделать

Сведите к минимуму количество книг и бумаг, уберите телевизор. Если вы привыкли смотреть телевизор, то вы отвлекаетесь от настроя на своего любимого. Если вы любитель читать перед сном, то лучше выделять для чтения специальные дни, иначе будет сложно переключиться на любовные объятия!

Дополнительные ритуалы: см. 27 января, 26 февраля, 28 марта, 26 апреля, 26 мая, 25–26 июня, 25 июля, 23 августа, 21 сентября, 21 октября, 19 ноября, 19 декабря.

28 апреля

среда, 17-й лунный день

Нейтральный день!

Начинайте новые дела — удача гарантирована!

Хороший день для встреч с друзьями. Есть шанс найти полезных знакомых. Вам может помочь излюбленный талисман фэншуй: черепаха-дракон — олицетворение удачи.

Что нужно сделать

Дракон — символ преданности делу, покровительства Небес, отваги и успеха в начинаниях. Черепаха — символ долгой жизни, непрекращающегося роста и стабильности. Изображение черепахи-дракона помещали на монетах и золотых слитках. Этот талисман является символом денежной удачи и абсолютной уверенности в себе. Его следует разместить в центре дома или офиса.

Дополнительные ритуалы: см. 28 января, 27 февраля, 29 марта, 27–28 мая, 27 июня, 26 июля, 24 августа, 22 сентября, 22 октября, 20 ноября, 20 декабря.

29 апреля

четверг, 18-й лунный день

Нейтральный день!

День благоприятен для активных действий!

У православных сегодня Чистый Четверг, через 2 дня закончится Великий пост и наступит Пасха (2 мая). В этот день нужно обязательно искупаться. Найти любимого поможет специальный ритуал.

Что нужно сделать

Убираясь дома, представьте, что вы уже живете с человеком, которого любите, поэтому оставьте место для его вещей в шкафу, в ванной определите, где будут стоять его бритвенные принадлежности, поставьте новые мужские тапочки около двери носками внутрь дома.

Принимая ванну или душ, приговаривайте:
«Как Великий Четверг красен, так и я для любимого прекрасна!»

Дополнительные ритуалы: см. 29 января, 28 февраля, 30–31 марта, 29 мая, 28 июня, 27 июля, 25 августа, 23 сентября, 23 октября, 21 ноября, 21 декабря.

30 апреля

пятница, 19-й лунный день

Неблагоприятный день!

Не время для новых идей!

Сложный и неблагоприятный день. Сегодня лучше поразмышлять о том, как всегда оставаться красивой и желанной для любимого. Приготовьте омолаживающую смесь.

Что нужно сделать

Пропустите 5–7 зубчиков чеснока и 2 лимона в кожуре через мясорубку. Добавьте 100 г льняного масла (продается в аптеке) и 0,5 кг меда, выложите в стеклянную банку. Храните в холодильнике.
Принимайте по одной столовой ложке за полчаса до еды. Максимально 3 раза в день.

Дополнительные ритуалы: см. 1 января, 30 января, 1 марта, 1 апреля, 30 мая, 29 июня, 28 июля, 26 августа, 24 сентября, 24 октября, 22 ноября, 22 декабря.

МАЙ

1 мая

суббота, 20-й лунный день

Нейтральный день!

Пора принять важное решение!

Не бойтесь что-то изменить! Пусть ваш дом всегда будет открыт людям. Дом — это отражение вас самих!

Что нужно сделать

1. Для начала осмотрите дом: все ли вас радует?
2. Если какая-то вещь, будь то поломанный утюг или старая стремянка, постоянно «мозолит» вам глаза, то срочно избавьтесь от нее.
3. Наведите порядок в шкафу.
4. Пригласите гостей. Там, где люди, там и энергия. А там, где энергия, там и удача.

Дополнительные ритуалы: см. 2 января, 31 января, 2–3 марта, 2 апреля, 31 мая, 30 июня, 29 июля, 27 августа, 25 сентября, 25 октября, 23 ноября, 23 декабря.

2 мая

воскресенье, 21-й лунный день

Нейтральный день!

Энергии дня помогут в любви!

В этот день нельзя игнорировать других людей, особенно родных и близких, тем более, сегодня великий православный праздник Светлая Пасха. Предки верили в следующие приметы.

Что нужно сделать

1. Если чешутся брови, то встретитесь со своей судьбой.
2. Если вы ударились локтем в этот день, вспомнил возлюбленный.
3. Если чешутся губы, ждите предложения руки и сердца.
4. Если в тарелку попала мушка, то уже в этом году выйдете замуж.
5. Кукование кукушки замужним сулит скорое пополнение, а свободным — удачное замужество.

Дополнительные ритуалы: см. 3 января, 1 февраля, 4 марта, 3 апреля, 1 июня, 1 июля, 30 июля, 28 августа, 26 сентября, 26 октября, 24 ноября, 24 декабря.

3 мая

понедельник, 22-й лунный день

Нейтральный день!

Время быть щедрой!

Лучше всего выполнять привычные домашние дела. Работайте со своим сознанием, выпалывая негатив в отношениях.

Что нужно сделать

Сегодня примените проверенный способ сделать любимого человека лучше — это проецировать на него позитивные, наполненные любовью мысли. Не стоит усугублять конфликт, обсуждая провинившегося любимого с чужими людьми.

Дополнительные ритуалы: см. 4–5 января, 2–3 февраля, 5 марта, 4 апреля, 2 июня, 2 июля, 31 июля, 29 августа, 27 сентября, 27 октября, 25 ноября, 25–26 декабря.

4 мая

вторник, 23-й лунный день

Неблагоприятный день!

Внимание! Излишняя доверчивость вредна!

Берегитесь негативных эмоций, информация, которую вы получаете, может быть недостоверна. Защититься от недоброжелателей и завистников вам поможет науз, узелковый оберег.

Что нужно сделать

Для создания защитного оберега используйте красную нить. Завяжите на ней 8 узлов, приговаривая:

«Узел завяжу, правду разгляжу».

Последним 9-м узлом скрепите концы науза на левом запястье. Носите его весь день под одеждой.

Дополнительные ритуалы: см. 6 января, 4 февраля, 6 марта, 5 апреля, 3 июня, 3 июля, 1 августа, 30 августа, 28 сентября, 28 октября, 26 ноября, 27 декабря.

5 мая

среда, 24-й лунный день

Благоприятный день!

Не пасуйте перед трудностями!

Боритесь за свое счастье. Сохранить любовь и лад в семье поможет заговор.

Что нужно сделать

1. Возьмите 2 тонкие свечи, согрейте в ладонях и переплетите между собой.
2. Зажгите их и проговорите 7 раз:
   «За семью лесами, семью горами, семью печатями храню свою семью. Пусть семь Небес ее охраняют, семь планет оберегают. Аминь».
3. Храните огарок свечи подальше от случайных взглядов.

Дополнительные ритуалы: см. 7 января, 5 февраля, 7 марта, 6 апреля, 4 июня, 4 июля, 2–3 августа, 31 августа, 29 сентября, 29–30 октября, 27–28 ноября, 28 декабря.

6 мая

четверг, 25-й лунный день

Нейтральный день!

Работа над собой принесет радость!

Не начинайте ничего нового. День располагает к размышлениям и самоанализу. Избавиться от одиночества поможет мудра «Цветок».

Что нужно сделать

1. Поставьте руки перед собой, ладони соприкасаются друг с другом.
2. На вдохе начинайте «раскрывать цветок», отводя пальцы в стороны, сомкнутыми остаются большие пальцы, мизинцы и основание ладони (рис. 12).
3. На выдохе вновь сомкните ладони. Повторите мудру 7 раз.

Дополнительные ритуалы: см. 8 января, 6 февраля, 8 марта, 7 апреля, 5 июня, 5 июля, 4 августа, 1–2 сентября, 30 сентября, 1 октября, 31 октября, 29 ноября, 29 декабря.

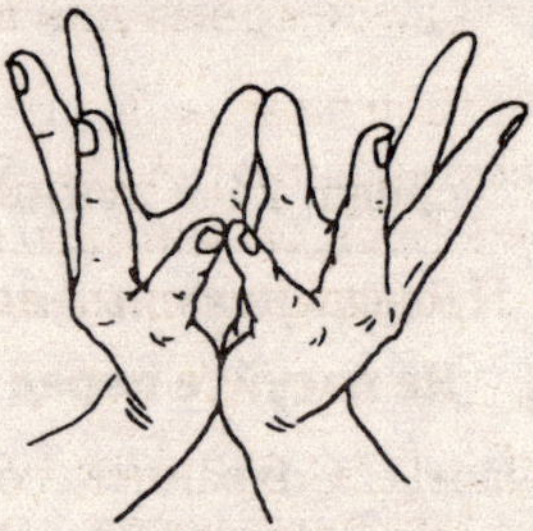

Рис. 39. Мудра «Цветок»

7 мая

пятница, 26-й лунный день

Нейтральный день!

Вселенная подает вам знаки!

День позволяет по-иному взглянуть на проблемы. Сегодня вам могут поступить многообещающие предложения, не торопитесь, скорее всего, они окажутся фикцией.

Что нужно сделать

Перед сном примите удобное положение, расслабьтесь, проанализируйте все, что с вами сегодня произошло. Особое внимание уделите 3 знакам судьбы.

- Встреченный в этот день человек с полными сумками или ведрами — знак того, что жизнь идет правильно.
- Если над вами сегодня посмеялись и это было для вас оскорбительно, значит, вы избрали неверный путь.
- Вы увидели молнию во сне или наяву — пора поразмыслить о своей гордыне и тщеславии.

Дополнительные ритуалы: см. 9 января, 7 февраля, 9 марта, 8 апреля, 6 июня, 6 июля, 5 августа, 3 сентября, 2 октября, 1 ноября, 30 ноября, 30 декабря.

8 мая

суббота, 27-й лунный день

Нейтральный день!

Самое время для преображения!

Сегодня хорошо настроиться на позитивный лад, начать преображение своего внешнего вида. Уделите внимание своей коже. Подстригитесь, сегодня это поможет укрепить ваше собственное я. Проведите обертывание для похудения.

Что нужно сделать

Вам понадобится 30–50 мл оливкового или миндального масла, с добавлением эфирных масел: лавандового, можжевелового или лимонного — каждого по 3 капли. Смесь подогреть до 40 градусов на водяной бане, изредка помешивая, затем нанести на тело и обернуться пленкой. Процедура длится примерно 30 минут.

Дополнительные ритуалы: см. 10 января, 8 февраля, 10 марта, 9 апреля, 7 июня, 6 августа, 4 сентября, 3 октября, 2 ноября, 1 декабря, 31 декабря.

9 мая

воскресенье, 28-й лунный день

Благоприятный день!

Позитивный настрой притягивает удачу!

Энергетика дня очень благоприятна и действует на нас оздоравливающе. Сегодня особое внимание следует уделить снам. Упражнение «Волшебный экран» из практики осознанного сновидения поможет в этом.

Что нужно сделать

1. Перед сном подумайте о своем желании.
2. Засыпая, представляйте, что вы смотрите телевизор, наладив сначала его звук и изображение. Вы в мелких подробностях видите, как ваше желание исполняется, видите свою радость.
3. Утром обязательно запишите свой сон, он может подсказать вам, как действовать дальше.

Дополнительные ритуалы: см. 11 января, 9 февраля, 11 марта, 10 апреля, 8 июня, 8 июля, 7 августа, 5 сентября, 4 октября, 3 ноября, 2 декабря.

10 мая

понедельник, 29-й лунный день

Неблагоприятный день!

Самое время заняться чем-нибудь простым и приятным!

Поразмышляйте о том, чего уже удалось добиться, настройтесь на волну радости. Познакомьтесь с ароматами, повышающими сексуальность и жизненный тонус. Это эфирные масла-афродизиаки.

Что нужно сделать

Классические масла-афродизиаки усиливают кровообращение, повышают потенцию, устраняют фригидность, предотвращают преждевременное семяизвержение, увеличивая длительность полового акта. Это масла вербены, ветивера, гвоздики, герани, жасмина, иланг-иланга, имбиря, кипариса, корицы, мирта, лимонной травы, можжевельника, муската, нероли, пальмарозы, пачули, розы, розмарина, сандала, цитронеллы.

Дополнительные ритуалы: см. 12 января, 10 февраля, 12 марта, 11 апреля, 9 июня, 9 июля, 6 сентября, 5 октября, 4 ноября, 3 декабря.

11 мая

вторник, 30–1-й лунные дни
Новолуние в 23:01

Нейтральный день!

Пора прислушаться к себе!

Сегодня полезно посоветоваться со своим внутренним голосом и не делать того, чего не хочется. В этот день возможны различные прозрения, озарения. Пробудить интуицию поможет рунический круг-амулет Футарк.

Что нужно сделать

1. Приобретенный талисман очистите соленой водой.
2. Возьмите в ладони, попросите о помощи.
3. Держите круг-амулет Футарк при себе, когда нужно сделать важный выбор.

Дополнительные ритуалы: см. 11 февраля, 13 марта, 10 июня, 10 июля, 6 октября, 4 декабря.

12 мая

среда, 2-й лунный день

Нейтральный день!

Нужно проявить внимание к близким!

В этот день все загаданные желания сбудутся, а планы осуществятся. Хорошее время, чтобы заняться собой, позаботиться о своем здоровье и красоте.

Что нужно сделать

Позаботьтесь о своем лице, заменив воду из крана молоком, простоквашей или кефиром. Молоко и кисломолочные продукты делают кожу гладкой, сияющей и отбеливают пигментные пятна. После умывания ополосните лицо профильтрованной или прохладной кипяченой водой. Улыбнитесь!

Дополнительные ритуалы: см. 12 февраля, 14 марта, 11 июня, 11 июля, 9 августа, 7 октября, 5 декабря.

13 мая

четверг, 3-й лунный день

Нейтральный день!

Направьте свою энергию на реализацию планов!

Вы полны энергией, сегодня все вам будет удаваться. Повысить свою привлекательность и сексуальность вам поможет упражнение — поза кошки.

Что нужно сделать

1. Встаньте на четвереньки, максимально выгните спину и задержитесь в этом положении на 10 секунд. Сделайте глубокий вдох и выдох, вернитесь в исходное положение.
2. Прогните спину в обратную сторону и тоже задержитесь на 10 секунд.
3. Повторите упражнение 4–6 раз.

Дополнительные ритуалы: см. 14 января, 13 февраля, 15 марта, 13 апреля, 12 июня, 12 июля, 10 августа, 8 сентября, 8 октября, 6 ноября, 6 декабря.

14 мая

пятница, 4-й лунный день

Нейтральный день!

Время для домашних дел!

День спокойный и приятный. Пение мантр с древнейших времен используется для гармонизации жизненной энергии. Пятница — лучший день для любовных ритуалов!

Что нужно сделать

1. Вначале сосредоточьтесь на своем страстном желании любви, наслаждения и радости жизни.
2. Потом отпустите свое желание и доверьтесь Вселенной.

3. Повторите мантру 4 раза:
«ТОДО СИРО АНВАТ МОНОРАН».

Дополнительные ритуалы: см. 15 января, 14 февраля, 16 марта, 14 апреля, 13 июня, 13 июля, 11 августа, 9 сентября, 9 октября, 7 ноября, 7 декабря.

15 мая

суббота, 5-й лунный день

Нейтральный день!

Никакой суеты и беспокойств!

Сегодня неблагоприятно что-то менять в своей жизни. Вернуть покой и избавиться от тоски вам поможет магическая сила чабреца.

Что нужно сделать

Залейте 1 ч. л. чабреца (тимьяна) стаканом кипятка, настаивайте 10 минут. Процедите, и напиток готов к употреблению. В него можно добавить ложечку меда.
Не рекомендуется применять чабрец при беременности.

Дополнительные ритуалы: см. 16 января, 15 февраля, 17 марта, 15 апреля, 14 июня, 14 июля, 12 августа, 10 сентября, 10 октября, 8 ноября, 8 декабря.

16 мая

воскресенье, 6-й лунный день

Благоприятный день!

Медитация настроит на нужный лад!

Используйте энергии этого дня для общения с природой и пробуждения интуиции. Благоприятна работа со своим подсознанием.

Что нужно сделать

Утром и в течение дня проговаривайте:

«Сегодня самый прекрасный день в моей жизни. Я люблю жизнь, добро, людей, себя. Я спокойна, умиротворена и счастлива. Все мои дела успешны!»

Дополнительные ритуалы: см. 17 января, 16 февраля, 18 марта, 16 апреля, 15 июня, 15 июля, 13 августа, 11 сентября, 11 октября, 9 ноября, 9 декабря.

17 мая

понедельник, 7-й лунный день

Благоприятный день!

Все, что ни делается, — к лучшему!

Мыслите позитивно. Займитесь своей внешностью. Уделите внимание своим пяточкам.

Что нужно сделать

Намажьте стопы кремом. Когда средство впитается, смочите водой терку для шлифовки и потрите пяточки. Старая кожа будет скатываться, а новая при этом не пострадает. Повторяйте все еще 2–3 дня.

Дополнительные ритуалы: см. 18 января, 17 февраля, 19 марта, 17 апреля, 16 июня, 16 июля, 14 августа, 12 сентября, 12 октября, 10 ноября, 10 декабря.

18 мая

вторник, 8-й лунный день

Нейтральный день!

Самое время наладить отношения!

Чтобы улучшить свое настроение, сегодня наполните свой дом цветами.

Что нужно сделать

Купите сами столько цветов, сколько вам хочется! Наполните свой дом красотой и ароматом, превратите его в истинный оазис любви!

Дополнительные ритуалы: см. 19 января, 18 февраля, 20 марта, 18 апреля, 17 июня, 17 июля, 15 августа, 13 сентября, 13 октября, 11 ноября, 11 декабря.

19 мая

среда, 9-й лунный день

Неблагоприятный день!

Задумайтесь об астральной защите!

Энергии дня призывают к очищению физическому и ментальному. Опасный день. Защититься от сглаза поможет заговор.

Что нужно сделать

1. Купите в церковной лавке ладан.
2. Ночью положите его на блюдечко и подожгите, приговаривая:
   «Ладан горит, тает, исчезает, к Богу взлетает, так пусть и порча на рабе Божьей (назвать имя) *горит, тает, исчезает, к Богу летит, Бог ей суд вершит, тому, кто сделал, обратно возвратит. Аминь»*.

Дополнительные ритуалы: см. 20 января, 19 февраля, 21 марта, 19 апреля, 18 июня, 18 июля, 16 августа, 14 сентября, 14 октября, 12 ноября, 12 декабря.

20 мая

четверг, 10-й лунный день

Нейтральный день!

Сегодня все удастся!

Начинайте любые дела, ищите средства для достижения цели. Сегодня активизировать энергию денег и гарантировать удачные перемены поможет обращение к богине зимы Скади.

Что нужно сделать

1. Нарисуйте на листе бумаги руну Эйваз (рис. 13).
2. Внимательно рассматривая изображение, проговорите 3 раза:

«О мудрая Ньерда,
Жена, королева
Зимы, смерти тень. Прочь
Ветром коньков несешь
Сомнений тяжесть, лень.

Без покровительства
Не оставь, убери
Все проклятие змей».

3. Листок с руной держите весь день при себе.

Дополнительные ритуалы: см. 21 января, 20 февраля, 22 марта, 20 апреля, 19 июня, 19 июля, 17 августа, 15 сентября, 15 октября, 13 ноября, 13 декабря.

Рис. 13. Руна Эйваз

21 мая

пятница, 11-й лунный день

Нейтральный день!

Внимательность во всех делах!

Этот день пробуждает в человеке скрытые резервы. Активировать денежную удачу помогут несложные действия.

Что нужно сделать

Придерживайтесь следующих правил:

1. Держите на кухне кувшинчик с мелкими монетами, и удача будет вам сопутствовать во всем.
2. Ту монету, которую вы первой получаете в руки за день, отправляйте в пустой карман и держите ее там, чтобы она привлекла больше монет.
3. Храните монеты, отчеканенные в високосный год, они принесут удачу.
4. Счастливой для вас будет та монета, которая была отчеканена в год (а еще лучше в день) вашего рождения.

Дополнительные ритуалы: см. 22 января, 21 февраля, 23 марта, 21 апреля, 20 июня, 20 июля, 18 августа, 16 сентября, 16 октября, 14 ноября, 14 декабря.

22 мая

суббота, 12-й лунный день

Благоприятный день!

День включения космической любви!

Сегодня займитесь магией для исполнения желаний. Птичье перо и благовония помогут вам получить неожиданные деньги.

Что нужно сделать

1. Птичье перо окурите благовониями, проговаривая свое желание.
2. Бросьте перо с моста в реку, чтобы призвать на помощь магические силы.

Дополнительные ритуалы: см. 23 января, 22 февраля, 24 марта, 22 апреля, 21 июня, 21 июля, 19 августа, 17 сентября, 17 октября, 15 ноября, 15 декабря.

23 мая

воскресенье, 13-й лунный день

Нейтральный день!

Саморазвитие — бесконечно благодатное занятие!

Имея сильную волю, вы достигнете многих вершин.

Что нужно сделать

Выполняйте следующие правила:

1. Вставайте раньше, чем обычно.
2. Полностью исключите потребление сигарет, крепких алкогольных напитков и кофе.
3. Прочитывайте хотя бы одну страницу в день пусть пока сложной для понимания, но полезной для вас книги.
4. Сдерживайте раздражение и гнев, если кто-то оскорбил вас.
5. Начните изучать что-то полезное для вас, например иностранный язык.

Дополнительные ритуалы: см. 24 января, 23 февраля, 25 марта, 23 апреля, 22 июня, 22 июля, 20 августа, 18 сентября, 18 октября, 16 ноября, 16 декабря.

24 мая

понедельник, 14-й лунный день

Нейтральный день!

Любое начало сулит успех!

В этот день уделите внимание самым важным делам. Упражнение «Призываю деньги» нужно делать с внутренней уверенностью, что вы получите все, в чем нуждаетесь.

Что нужно сделать

Сядьте перед зеркалом. Положите руки ладонями вверх и твердо, с безоговорочной уверенностью скажите 3, 7 или 9 раз:

> *«Я Есмь, я Есмь, я Есмь возрождение и жизнь моих финансов. Высшие силы посылают сейчас мне средства на жизнь!»*

Дополнительные ритуалы: см. 25 января, 24 февраля, 26 марта, 24 апреля, 23 июня, 23 июля, 21 августа, 19 сентября, 19 октября, 17 ноября, 17 декабря.

25 мая

вторник, 15-й лунный день

Неблагоприятный день!

Сложный и опасный день!

Сегодня благоприятно работать с янтрами — особыми рисунками, обладающими божественной энергией. Очистить сознание, избавиться от греховных мыслей, дурных привычек и недугов поможет Дурга-янтра («Непобедимая») (рис. 14).

Что нужно сделать

1. Примите удобное положение. Несколько минут рассматривайте янтру.
2. Закройте глаза и 108 раз произнесите мантру: *«ОМ»*.
3. Весь день держите изображение янтры при себе. Затем можно поместить ее на рабочем столе.
4. Через год следует повторить ритуал. Если талисман выполнил свое предназначение, опустите его в водоем или заройте в землю.

Дополнительные ритуалы: см. 26 января, 25 февраля, 27 марта, 25 апреля, 24 июня, 24 июля, 22 августа, 20 сентября, 20 октября, 18 ноября, 18 декабря.

Рис. 14. Дурга-янтра

26 мая

среда, 16-й лунный день
Затмение в 14:15
Полнолуние в 14:20

Неблагоприятный день!

Время избавиться от комплексов!

Луна оказывает свое влияние, поэтому сегодня не перенапрягайтесь. Самое время избавиться от балласта — так вы налегке пойдете по пути к цели. Прочитайте заговор от безденежья.

Что нужно сделать

1. Возьмите первую попавшуюся монету в доме, поставьте ее на ребро и закрутите.
2. Пока монета крутится, проговорите:
   «Кручу, верчу, запускаю, бедность прогоняю. Да будет так!»
3. Положите монету в кошелек и не тратьте ее ровно год, подом отдайте на милостыню и повторите ритуал.

Дополнительные ритуалы: см. 27 января, 26 февраля, 28 марта, 26–27 апреля, 25–26 июня, 25 июля, 23 августа, 21 сентября, 21 октября, 19 ноября, 19 декабря.

27 мая

четверг, 17-й лунный день

Нейтральный день!

Ждите подарков от Вселенной!

Ищите новых знакомств, не избегайте неожиданных встреч, изменений планов. Проверьте, что мешает вам принимать подарки Вселенной.

Что нужно сделать

1. Расслабьтесь на несколько минут.
2. Задайте себе вопрос:
   «Умею ли я правильно воспринимать те подарки жизни, которые получаю ежедневно?»

Это солнечный свет, чистый воздух, улыбка любимых, комплименты, новые люди, вкусная еда и т. д.

Дополнительные ритуалы: см. 28 января, 27 февраля, 29 марта, 28 апреля, 28 мая, 27 июня, 26 июля, 24 августа, 22 сентября, 22 октября, 20 ноября, 20 декабря.

28 мая

пятница, 17-й лунный день

Нейтральный день!

Искренняя благодарность!

Сегодня продолжается влияние вчерашнего дня. Это радостный и необременительный день. Можно расслабиться и повеселиться.

Что нужно сделать

Если вы еще не начали благодарить Вселенную за каждую мелочь, которую она вам дает, сделайте это прямо сейчас.

Дополнительные ритуалы: см. 28 января, 27 февраля, 29 марта, 28 апреля, 27 мая, 27 июня, 26 июля, 24 августа, 22 сентября, 22 октября, 20 ноября, 20 декабря.

29 мая

суббота, 18-й лунный день

Нейтральный день!

Учитесь любить себя!

Сейчас не самое лучшее время для нашего тела, — мы сильно подвержены воздействию свободных радикалов. Используйте отвар из чернослива, чтобы стать еще красивее.

Что нужно сделать

Возьмите марлю и проделайте вырезы для глаз, носа и губ. Смочите в отваре, слегка отожмите и наложите на лицо и шею на 20 минут. Можно также просто протереть кожу ватным диском, смоченным в отваре, однако марлевый компресс более эффективен.

Дополнительные ритуалы: см. 29 января, 28 февраля, 30–31 марта, 29 апреля, 28 июня, 27 июля, 25 августа, 23 сентября, 23 октября, 21 ноября, 21 декабря.

30 мая

воскресенье, 19-й лунный день

Неблагоприятный день!

Пора стать привлекательной!

В этот день многим недобропорядочным людям захочется налить «отравы» в вашу душу. Поэтому контакты сегодня лучше ограничить. Займитесь лучше своей внешностью.

Что нужно сделать

Оздоровить сухую кожу, убрать желтые пятна поможет следующая маска для лица. Возьмите 1 г корицы и 3 г имбиря, хорошенько измельчите, добавьте 1 ст. л. меда, и все перемешайте. Нанесите маску на очищенную кожу и держите 15–20 минут, затем смойте теплой водой.

Дополнительные ритуалы: см. 1 января, 30 января, 1 марта, 1 апреля, 30 апреля, 29 июня, 28 июля, 26 августа, 24 сентября, 24 октября, 22 ноября, 22 декабря.

31 мая

понедельник, 20-й лунный день

Нейтральный день!

Время принимать решения!

Это день преодоления сомнений. Он прекрасно подходит для любых дел. Вам помогут древние славянские ритуалы со свечами.

Что нужно сделать

Для обретения любви зажгите свечу красного цвета. Во время горения свечи загадайте желание о счастливой любви, представляя себе облик возлюбленного, озаренный пламенем свечи.

Дополнительные ритуалы: см. 2 января, 31 января, 2–3 марта, 2 апреля, 1 мая, 30 июня, 29 июля, 27 августа, 25 сентября, 25 октября, 23 ноября, 23 декабря.

ИЮНЬ

1 июня

вторник, 21-й лунный день

Нейтральный день!

Настал момент избавиться от невезения!

Сегодня энергетически мощный день, дающий нам храбрость, уверенность, упорство в достижении цели. Настало время со всей решительностью избавиться от неудачи.

Что нужно сделать

1. Найдите в шкафу самую старую вещь, сложите ее в форме конверта и прихватите тринадцатью стежками, использовав черную нитку.
2. Поставьте по краям свертка и зажгите 2 свечи.
3. Проговорите:
   «Одевайся беда, наряжайся беда, уходи от меня навсегда!»
4. Свечи задуйте, а сверток выбросьте вместе с мусором.

Дополнительные ритуалы: см. 3 января, 1 февраля, 4 марта, 3 апреля, 2 мая, 1 июля, 30 июля, 28 августа, 26 сентября, 26 октября, 24 ноября, 24 декабря.

2 июня

среда, 22-й лунный день

Нейтральный день!

Не стоит упускать свой шанс!

День несет в себе свежую энергию. Настроиться на волну важной информации поможет специальная практика.

Что нужно сделать

Произнесите 8 раз вдумчиво и медленно:

«Я удачлива и открыта для новых прекрасных отношений, я всегда могу изменить свою жизнь к лучшему! Все в моих руках. Все будет хорошо, все будет хорошо, все будет хорошо!»

Дополнительные ритуалы: см. 4–5 января, 2–3 февраля, 5 марта, 4 апреля, 3 мая, 2 июля, 31 июля, 29 августа, 27 сентября, 27 октября, 25 ноября, 25–26 декабря.

3 июня

четверг, 23-й лунный день

Неблагоприятный день!

Время для ментального очищения!

Все мы ошибаемся, но важно воспринимать ошибки как знаки и уроки, которые помогут достигнуть гармонии. Очистите сознание от мешающих мыслей.

Что нужно сделать

Используйте силу ветра. Выйдите на улицу. Встаньте спиной к ветру, чтобы его энергия прошла сквозь вас, выдувая все огорчения и обиды, неудачи и промахи, все что мешает и тяготит.

Если сегодня нет ветра, проделайте это же очищение мысленно.

Дополнительные ритуалы: см. 6 января, 4 февраля, 6 марта, 5 апреля, 4 мая, 3 июля, 1 августа, 30 августа, 28 сентября, 28 октября, 26 ноября, 27 декабря.

4 июня

пятница, 24-й лунный день

Благоприятный день!

Благоприятное время для начала долгосрочных проектов!

Чтобы запастись энергией, которая понадобится для привлечения избранника и построения гармоничных любовных отношений, прочитайте заговор на воду.

Что нужно сделать

1. Соберите во время дождя немного воды прямо с неба (не с водостока и не из бочки).
2. Перекрестите воду 3 раза и умойтесь, говоря: *«Господь воду дал, она с неба упала, на меня, рабу Божью* (назвать имя), *попала, меня умыла, красоту да здоровье подарила. Дай мне, вода, и мужа пригожего. Аминь!»*
3. После этого выплесните воду за порог.

Дополнительные ритуалы: см. 7 января, 5 февраля, 7 марта, 6 апреля, 5 мая, 4 июля, 2–3 августа, 31 августа, 29 сентября, 29–30 октября, 27–28 ноября, 28 декабря.

5 июня

суббота, 25-й лунный день

Нейтральный день!

Отдых и расслабление!

Энергии дня пробуждают высшие психические силы и способности, способствуют преображению.

Что нужно сделать

1. Зажгите розовую свечу, в стакане с талой водой растворите ложечку меда и поставьте его так, чтобы на него падал свет от луны.
2. Проговорите над водой: *«Лунная водица, помоги сестрице. Красоту подари, жениха привлеки!»*
3. Выпейте воду мелкими глоточками и ложитесь спать.

Дополнительные ритуалы: 8 января, 6 февраля, 8 марта, 7 апреля, 6 мая, 5 июля, 4 августа, 1–2 сентября, 30 сентября, 1 октября, 31 октября, 29 ноября, 29 декабря.

6 июня

воскресенье, 26-й лунный день

Нейтральный день!

Не распыляться по пустякам!

Сегодня легко погрузиться трясину бытовых мелочей, из-за которых не видно глобальных жизненных целей. Для того чтобы этого не произошло, выполните практику «Камень».

Что нужно сделать

Примите удобное положение тела, расслабьтесь, представьте, что вы камень, лежащий на дороге. Вокруг вас кипит жизнь, куда-то все бегут, торопятся, выясняют отношения, вы же принимаете и воспринимаете все как проходящее мимо. Вас не трогает и не задевает чужая суета. Запомните свои ощущения и сохраняйте их в себе весь день.

Дополнительные ритуалы: см. 9 января, 7 февраля, 9 марта, 8 апреля, 7 мая, 6 июля, 5 августа, 3 сентября, 2 октября, 1 ноября, 30 ноября, 30 декабря.

7 июня

понедельник, 27-й лунный день

Нейтральный день!

День не терпит суеты!

В этот день идут сокровенные знания. Поэтому сегодня следует избегать алкоголя и прочих дурманящих веществ. А вот чай поможет вам привлечь в свою жизнь счастье и процветание.

Что нужно сделать

1. Заварите крепкого чая, налейте его в чашку и начните пить мелкими глоточками, представляя, что вместе с напитком ваше тело наполняется неведомой ранее силой, вы бодры и полны энергии.
2. Когда в чашке останется только половина чая, проговорите:
   «За чистым полем, вековыми лесами, родничок с чистой водой пробивается.

А рядом чашка лежит, кто из нее пьет, того удача найдет».

3. Выпейте оставшуюся половину.

Дополнительные ритуалы: см. 10 января, 8 февраля, 10 марта, 9 апреля, 8 мая, 6 августа, 4 сентября, 3 октября, 2 ноября, 1 декабря, 31 декабря.

8 июня

вторник, 28-й лунный день

Благоприятный день!

Поверьте в удачу — и она обязательно появится!

Фэншуй считает, что удача зависит и от входной двери дома. Позаботьтесь о том, чтобы ваша входная дверь производила приятное впечатление.

Что нужно сделать

1. Следите за тем, чтобы дверь всегда была освещена.
2. Установите хорошо видный номер квартиры, желательно по диагонали вверх, это помогает энергии также подниматься вверх.
3. Постелите перед дверью красивый коврик, под который положите связку китайских монеток.

Дополнительные ритуалы: см. 11 января, 9 февраля, 11 марта, 10 апреля, 9 мая, 8 июля, 7 августа, 5 сентября, 4 октября, 3 ноября, 2 декабря.

9 июня

среда, 29-й лунный день

Неблагоприятный день!

Пора заняться чем-нибудь приятным!

Поразмышляйте о том, чего уже удалось добиться, настройтесь на волну радости. Познакомьтесь с ароматами, повышающими сексуальность и жизненный тонус. Это эфирные масла-афродизиаки.

Что нужно сделать

Импрессионные афродизиаки повышают чувственность, усиливают сексуальное влечение и эрогенную восприимчивость, раскрепощают. Это масла апельсина, бергамота, грейпфрута, кедра, ладана, лиметта, майорана, мандарина, мирры, петитгрейн, розового дерева, сосны, шалфея, чабреца.

Дополнительные ритуалы: см. 12 января, 10 февраля, 12 марта, 11 апреля, 10 мая, 9 июля, 6 сентября, 5 октября, 4 ноября, 3 декабря.

10 июня

четверг, 30–1-й лунные дни
Новолуние в 13:53

Нейтральный день!

Настал момент отказаться от всего ненужного!

В первой половине дня оказывают влияние 30-е лунные сутки, а значит, настал момент проанализировать свой путь. Хорошо очистить свой дом от негативной энергии.

Что нужно сделать

1. Сделайте влажную уборку дома. Возьмите стакан талой воды, проговорите над ней:
   «Как лед чистотой сверкает, так холод всю нечисть из дома выгоняет!»
2. Обрызгайте заговоренной водой каждый уголок своего жилища.

3. После обеда можно смело строить планы на будущее.

Дополнительные ритуалы: 11 февраля, 13 марта, 11 мая, 10 июля, 6 октября, 4 декабря.

11 июня

пятница, 2-й лунный день

Нейтральный день!

Время дарить подарки!

Раздайте старые или ненужные вещи, подайте милостыню. Ваша щедрость принесет плоды. Самое время начать собирать корзину подарков.

Что нужно сделать

1. Прямо сегодня начните собирать маленькие подарочки, которые вы с удовольствием подарите людям.
2. Выделите для этого небольшую корзину из натурального материала, чтобы она накапливала энергию благополучия и щедрости.
3. Каждый месяц пополняйте корзину и забирайте то, что в нее уже положили, чтобы подарить знакомым и близким.

Дополнительные ритуалы: см. 12 февраля, 14 марта, 12 мая, 11 июля, 9 августа, 7 октября, 5 декабря.

12 июня

суббота, 3-й лунный день

Нейтральный день!

Настойчивость и активность преодолеют все!

Возникающие трудности — еще не повод отказаться от своих планов. В их осуществлении вам поможет амулет.

Что нужно сделать

1. Возьмите три косточки от черешни и кристалл кварца, поместите все в маленький красный мешочек.
2. Благословите ваш амулет четырьмя стихиями: обмахните пером, сбрызните водой, посыпьте солью и пронесите сквозь пламя красной свечи.
3. Завершая ритуал, проговорите:
«Воздух, Вода, Земля, Огонь, помогите исполниться моим желаниям!»

Дополнительные ритуалы: см. 14 января, 13 февраля, 15 марта, 13 апреля, 13 мая, 12 июля, 10 августа, 8 сентября, 8 октября, 6 ноября, 6 декабря.

13 июня

воскресенье, 4-й лунный день

Нейтральный день!

Время для домашних дел!

Пришло время немного отдохнуть. Занимайтесь собой, своим здоровьем, общайтесь с близкими.

Что нужно сделать

Нет разницы, утром или вечером происходит ваше объяснение в любви своему телу, я именно так называю тренировки. Например, такой сценарий.

Вы приходите с работы, быстренько принимаете душ и делаете свой любимый комплекс упражнений. Главное — не забывайте себя хвалить после каждого упражнения, повторяя:

«Какая я умница! Как здорово у меня все получается!»

Дополнительные ритуалы: см. 15 января, 14 февраля, 16 марта, 14 апреля, 14 мая, 13 июля, 11 августа, 9 сентября, 9 октября, 7 ноября, 7 декабря.

14 июня

понедельник, 5-й лунный день

Нейтральный день!

Интуиция подскажет правильное решение!

Жизнь таит множество сюрпризов, о которых вы и не подозреваете! Позаботьтесь о защите своих детей. Вам поможет ритуал.

Что нужно сделать

Если вы хотите энергетически защитить своего ребенка, то поставьте его к себе лицом и перекрестите со словами, которые надо повторить 3 раза:

«Господня рука, святой замок, святая печать. Аминь».

Дополнительные ритуалы: см. 16 января, 15 февраля, 17 марта, 15 апреля, 15 мая, 14 июля, 12 августа, 10 сентября, 10 октября, 8 ноября, 8 декабря.

15 июня

вторник, 6-й лунный день

Благоприятный день!

В уединении и медитации найдете решение!

Обогащайте свое питание полезными продуктами. Мед — лучший восстановитель сексуальной энергии.

Что нужно сделать

Сегодня обязательно включите в свой рацион натуральный мед. Мед можно есть только натуральный, сохраняющий свой природный вкус и свойства.

Дополнительные ритуалы: см. 17 января, 16 февраля, 18 марта, 16 апреля, 16 мая, 15 июля, 13 августа, 11 сентября, 11 октября, 9 ноября, 9 декабря.

16 июня

среда, 7-й лунный день

Благоприятный день!

Мысли и слова обладают большой силой!

Сегодня будьте внимательны к пожеланиям другим людям. Прочитайте мантру для защиты от негатива.

Что нужно сделать

Расслабьтесь, прочитайте 108 раз:

«ОМ ТАРА ТУТТАРЕ ТУРЕ СОХА».

Дополнительные ритуалы: см. 18 января, 17 февраля, 19 марта, 17 апреля, 17 мая, 16 июля, 14 августа, 12 сентября, 12 октября, 10 ноября, 10 декабря.

17 июня

четверг, 8-й лунный день

Нейтральный день!

Затаенные обиды мешают двигаться дальше!

В этот день важно заняться очищением дома и завершением отживших отношений. Медитация для освобождения от несчастной любви поможет вам начать новую жизнь.

Что нужно сделать

1. Поставьте приятную музыку, закройте глаза и представьте себе, что вы находитесь в месте, где чувствуете себя легко и свободно.
2. Нарисуйте образ бывшего любимого человека. Скажите такие слова:
   «Я очень люблю себя, уважаю себя и ценю себя, поэтому я сейчас отпускаю тебя с благодарностью. Мы оба свободны!»

Дополнительные ритуалы: см. 19 января, 18 февраля, 20 марта, 18 апреля, 18 мая, 17 июля, 15 августа, 13 сентября, 13 октября, 11 ноября, 11 декабря.

18 июня

пятница, 9-й лунный день

Неблагоприятный день!

Не сдерживайте прекрасных порывов!

Если сегодня вас посетило вдохновение или появились новые идеи и мысли, это значит, вам удалось развязать кармический узел, а энергия, сдерживаемая им ранее, наконец-то устремилась в нужном направлении. Побалуйте себя денежной ванной.

Что нужно сделать

1. Соберите в доме все, какие есть, монеты.
2. Налейте в ванну теплой воды, киньте монеты в воду и произнесите:
   «Вода не стоит, качается, денежной силы набирается».
3. После этого полежите в ванне 15–20 минут.

Дополнительные ритуалы: см. 20 января, 19 февраля, 21 марта, 19 апреля, 19 мая, 18 июля, 16 августа, 14 сентября, 14 октября, 12 ноября, 12 декабря.

19 июня

суббота, 10-й лунный день

Нейтральный день!

Займитесь поисками новых партнеров!

Сегодня вы легко наладите контакт с незнакомыми вам людьми. Чтобы непринужденно налаживать общение с окружающими, прочитайте заговор.

Что нужно сделать

Утром возьмите шелковую нить и 3 раза скажите над ней:

«Верит земля солнцу красному, верит ночка месяцу ясному, верит супруга мужу возлюбленному, верит Церковь Христова Богу Единому, Христу Истинному, верю и я в Бога Истинного. Так бы и мне, рабе Божьей (назвать имя), *люди верили. Аминь. Аминь. Аминь».*

Обвяжите эту нить вокруг запястья левой руки и отправляйтесь по делам.

Дополнительные ритуалы: см. 21 января, 20 февраля, 22 марта, 20 апреля, 20 мая, 19 июля, 17 августа, 15 сентября, 15 октября, 13 ноября, 13 декабря.

20 июня

воскресенье, 11-й лунный день

Нейтральный день!

Осторожность и внимательность!

Если вам сегодня предстоит встретиться с людьми, которым не слишком доверяете, предварительно проведите ритуал с поясом.

Что нужно сделать

1. Возьмите тонкий хлопчатобумажный поясок, пропустите его между пальцами и произнесите трижды:
   «Пояс-поясок, замыкай кружок, обними меня, защити меня!»
2. Повяжите пояс на голое тело, проверьте, крепко ли он завязан, затем скажите:
   «Завязан, значит, защищен!»
3. Сверху наденьте одежду, проследите, чтобы пояс не был виден. После этого можно выходить из дома.

Дополнительные ритуалы: см. 22 января, 21 февраля, 23 марта, 21 апреля, 21 мая, 20 июля, 18 августа, 16 сентября, 16 октября, 14 ноября, 14 декабря.

21 июня

понедельник, 12-й лунный день

Благоприятный день!

Новые знакомства откроют недоступные ранее возможности!

Прочитайте заговор на встречу.

Что нужно сделать

Встаньте перед дверью лицом к выходу и произнесите:

«Господь, милостивый! В путь-дорогу меня (назвать имя) *собери, к доброй встрече приведи. Пусть разочарования стороной обойдут, а ко мне любовь и счастье придут! Да будет так!»*

Дополнительные ритуалы: см. 25 января, 24 февраля, 26 марта, 24 апреля, 24 мая, 23 июня, 23 июля, 21 августа, 19 сентября, 19 октября, 17 ноября, 17 декабря.

22 июня

вторник, 13-й лунный день

Нейтральный день!

Время заняться собой!

Привлекательная внешность у женщины подразумевает великолепную осанку. Для ее выработки ежедневно делайте простое упражнение «Царственная осанка».

Что нужно сделать

1. Встаньте спиной к стене, прикасаясь к ней затылком, расправленными плечами, локтями, ягодицами, икрами, пятками.
2. Вдохните, подав грудь вперед. В этом положении обхватите ладонями поясницу и слегка подайтесь вперед. Отойдите от стены, зафиксировав положение тела.

Дополнительные ритуалы: см. 24 января, 23 февраля, 25 марта, 23 апреля, 23 мая, 22 июля, 20 августа, 18 сентября, 18 октября, 16 ноября, 16 декабря.

23 июня

среда, 14-й лунный день

Нейтральный день!

Пора создать защиту на будущее!

Прекрасное время для того, чтобы огородить себя от любого зла в будущем, для загадывания желаний. Создайте травяной талисман, сохраняющий здоровье и отгоняющий депрессию и уныние.

Что нужно сделать

1. Возьмите, купите оранжевый небольшой мешочек.
2. Соберите и высушите листья березы.
3. Поместите их в мешочек, приговаривая: *«Как береза тонкая под ветром гнется, не ломается, так и я никаким хворобам и недугам не подвластна»*.
4. Спрячьте талисман в спальне.

Дополнительные ритуалы: см. 25 января, 24 февраля, 26 марта, 24 апреля, 24 мая, 23 июля, 21 августа, 19 сентября, 19 октября, 17 ноября, 17 декабря.

24 июня

четверг, 15-й лунный день
Полнолуние в 21:41

Неблагоприятный день!

День раскрытия духовных традиций!

Чтобы ускорить приближение желанного будущего, проведите романтический ритуал с плодами апельсина для девушек, которые хотят найти себе достойного мужа.

Что нужно сделать

1. В первый день полной Луны, когда стемнеет, возьмите самый красивый апельсин.
2. Представьте себя с тем молодым человеком, которого вы хотели бы видеть рядом с собой.
3. Бросьте апельсин в реку/море, думая о своем желании.

В воду можно бросить только один апельсин.

Дополнительные ритуалы: см. 26 января, 25 февраля, 27 марта, 25 апреля, 25 мая, 24 июля, 22 августа, 20 сентября, 20 октября, 18 ноября, 18 декабря.

25 июня

пятница, 16-й лунный день

Нейтральный день!

Время прикоснуться к природным энергиям!

День прекрасно подходит для удаления всех вредных веществ из организма. Посвятите его процедурам очистки и восстановления кожи, бане, массажу, обертываниям и питательным маскам.

Что нужно сделать

1. Отправляйтесь в баню и возьмите с собой одну из ароматических смесей.
2. Не используйте чистые эфирные масла для бани — разводите их в воде.
3. Количество аромамасел на помещение площадью 15 квадратных метров не должно превышать 10 капель.

Дополнительные ритуалы: см. 27 января, 26 февраля, 28 марта, 26–27 апреля, 26 мая, 26 июня, 25 июля, 23 августа, 21 сентября, 21 октября, 19 ноября, 19 декабря.

26 июня

суббота, 16-й лунный день

Нейтральный день!

Пора отдохнуть!

Сегодня продолжается влияние энергетики вчерашнего дня. Продолжим знакомство с ароматическими смесями.

Что нужно сделать

Определите, какая смесь вам нужна именно сейчас.

- Для очищения — эвкалипт, ромашка, душица, мята, зеленый чай, можжевельник, кедр.
- Для усиления иммунных процессов, поднятия настроения, бодрости — пихта, герань, имбирь, жасмин, розовое дерево, грейпфрут, лаванда, бергамот.
- Успокаивающая — мандарин, лимон, иланг-иланг, мелисса.

Дополнительные ритуалы: см. 27 января, 26 февраля, 28 марта, 26–27 апреля, 26 мая, 25 июня, 25 июля, 23 августа, 21 сентября, 21 октября, 19 ноября, 19 декабря.

27 июня

воскресенье, 17-й лунный день

Нейтральный день!

Любовь привлекает удачу!

Сегодня переключитесь на домашние дела, которые доставляют вам удовольствие! Найдите в себе что-то хорошее.

Что нужно сделать

Никогда, ни при каких обстоятельствах не говорите плохо о себе, даже шутя. Помните, у Вселенной нет чувства юмора, поэтому не говорите о себе ничего, что могло бы спугнуть удачу, желайте только то, что вы хотели бы получить в жизни.

Дополнительные ритуалы: см. 28 января, 27 февраля, 29 марта, 28 апреля, 27–28 мая, 26 июля, 24 августа, 22 сентября, 22 октября, 20 ноября, 20 декабря.

28 июня

понедельник, 18-й лунный день

Нейтральный день!

Пора изменить свое сознание!

Сегодня окружающая действительность выступает отражением наших помыслов и поступков. Чем вы чище внутри, тем легче пройдет день. У православных начинается Петров пост (до 11 июля).

Что нужно сделать

Постройте свое питание по таким принципам:

- сухоядение по средам и пятницам;
- блюда без масла по понедельникам;
- в остальные дни разрешены крупяные кушанья с растительными маслами, грибы и рыба.

Дополнительные ритуалы: см. 29 января, 28 февраля, 30–31 марта, 29 апреля, 29 мая, 27 июля, 25 августа, 23 сентября, 23 октября, 21 ноября, 21 декабря.

29 июня

вторник, 19-й лунный день

Неблагоприятный день!

Настал момент защититься от неудач!

Опасный день — не планируйте важные дела! Защититься от болезней, сглаза и порчи поможет оберег «Одолень трава» (рис. 15). Он считается исконно женским, но иногда украшения с волшебным цветком надевали и мужчины.

Что нужно сделать

1. Приобретите готовый оберег.
2. Подержите его в руках, проговорите:
   «Судьбу свою тебе вверяю, от зла защищать разрешаю. Да будет так!»
3. Спрячьте талисман дома, подальше от посторонних глаз.

Дополнительные ритуалы: см. 1 января, 30 января, 1 марта, 1 апреля, 30 апреля, 30 мая, 28 июля, 26 августа, 24 сентября, 24 октября, 22 ноября, 22 декабря.

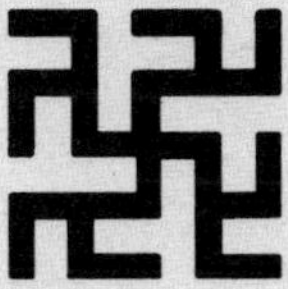

Рис. 15. Славянский оберег «Одолень трава»

30 июня

среда, 20-й лунный день

Нейтральный день!

День для решительных действий!

Бывает, что люди расстаются, и не всегда этот процесс приятен. Если вы хотите быстрее забыть несчастную любовь, обратите внимание на свой фотоальбом.

Что нужно сделать

Посмотрите, нет ли в вашем доме его фотографий. Каждый раз, когда ваш взгляд падает на фото этого человека, вы страдаете. Выбросьте все эти фотографии. Можете сжечь их в ритуальном очищающем огне. Сопроводите процесс сжигания словами:

«Я отпускаю тебя из своей жизни! Мы оба свободны!»

Дополнительные ритуалы: см. 2 января, 31 января, 2–3 марта, 2 апреля, 1 мая, 31 мая, 29 июля, 27 августа, 25 сентября, 25 октября, 23 ноября, 23 декабря.

ИЮЛЬ

1 июля

четверг, 21-й лунный день

Нейтральный день!

Аффирмации настроят на лучшее!

Сегодня будьте активны и следите за настроением. Важно излучать позитивную энергию. Вам поможет ритуал настроя на бескрайний океан любви.

Что нужно сделать

1. Расслабьтесь.
2. Произнесите:
   «Отныне я свободна в своем выборе, и я выбираю новую жизнь, наполненную радостью, любовью и изобилием!»

Дополнительные ритуалы: см. 3 января, 1 февраля, 4 марта, 3 апреля, 2 мая, 1 июня, 30 июля, 28 августа, 26 сентября, 26 октября, 24 ноября, 24 декабря.

2 июля

пятница, 22-й лунный день

Нейтральный день!

Пора проявить мудрость!

Сегодня успешно сложатся дела, связанные с интеллектуальной сферой. Пробудить эрудицию вам поможет мудра Окно мудрости.

Что нужно сделать

1. Поставьте ладони на уровне лба.
2. Безымянный палец правой руки прижмите большим пальцем правой руки к ладони. Повторите с левой рукой.
3. Удерживайте мудру 3–5 минут, представляя, как вас окутывает облако мудрости.

Дополнительные ритуалы: см. 4–5 января, 2–3 февраля, 5 марта, 4 апреля, 3 мая, 2 июня, 31 июля, 29 августа, 27 сентября, 27 октября, 25 ноября, 25–26 декабря.

3 июля

суббота, 23-й лунный день

Неблагоприятный день!

Самое время очистить дом от негативной энергетики!

Сегодня вы можете стать жертвой обмана, но не стоит целый день ожидать подвоха и с недоверием относиться ко всем людям. Очистить дом от негатива поможет яблочный ритуал.

Что нужно сделать

1. Разрежьте яблоко пополам, удалите сердцевину.
2. Зажгите церковную свечу и обойдите с ней жилище по часовой стрелке, заглядывая в каждый уголок и по 3 раза обводя ею по дверным и оконным проемам.
3. Соберите оставшийся от свечи воск, поместите его в середину яблока, свяжите половинки плода ниткой и закопайте подальше от дома.

Дополнительные ритуалы: см. 6 января, 4 февраля, 6 марта, 5 апреля, 4 мая, 3 июня, 1 августа, 30 августа, 28 сентября, 28 октября, 26 ноября, 27 декабря.

4 июля

воскресенье, 24-й лунный день

Благоприятный день!

Вселенная поделится удачей!

Сегодня разучите Великую мантру.

Что нужно сделать

1. Весь день повторяйте великую мантру «Шесть истинных слогов»:

«ОМ МАНИ ПАДМЕ ХУМ».

Сколько раз надо произносить ее? Слушайте свой внутренний голос. Лучше всего 3, 9, 27, 54 или 108 раз.

Дополнительные ритуалы: см. 7 января, 5 февраля, 7 марта, 6 апреля, 5 мая, 4 июня, 2–3 августа, 31 августа, 29 сентября, 29–30 октября, 27–28 ноября, 28 декабря.

5 июля

понедельник, 25-й лунный день

Нейтральный день!

Сосредоточенность и внимательность!

Постарайтесь расслабиться и снять напряжение. Для этого выполните простое антистрессовое упражнение.

Что нужно сделать

1. Уединитесь.
2. Попрыгайте и произвольно помашите руками и ногами, только не слишком энергично, чтобы не потянуть мышцы. Можно даже агрессивно — ведь вас никто не видит.

Дополнительные ритуалы: см. 8 января, 6 февраля, 8 марта, 7 апреля, 6 мая, 5 июня, 4 августа, 1–2 сентября, 30 сентября, 1 октября, 31 октября, 29 ноября, 29 декабря.

6 июля

вторник, 26-й лунный день

Нейтральный день!

Пора увидеть добрые чувства в окружающих!

На убывающей Луне очень эффективно проводить омолаживающие процедуры. Клеопатра, славившаяся своей молодостью и красотой, оставила нам рецепт замечательной омолаживающей маски.

Что нужно сделать

Возьмите 200 г поваренной соли мелкого помола. Залейте ее стаканом сливок, все хорошо перемешайте. Круговыми движениями нанесите маску на лицо и все тело. Оставьте на 20 минут, затем протрите кожу влажной салфеткой.

Дополнительные ритуалы: см. 9 января, 7 февраля, 9 марта, 8 апреля, 7 мая, 6 июня, 5 августа, 3 сентября, 2 октября, 1 ноября, 30 ноября, 30 декабря.

7 июля

среда, 27-й лунный день

Нейтральный день!

Избавьтесь от забот!

Энергетика этого дня благоприятствует взаимодействию с водой. Тем более, сегодня день Ивана Купалы, водные процедуры нужно провести до заката солнца. Сегодня магия усиливает свое воздействие, она поможет вделать правильный выбор.

Что нужно сделать

1. Возьмите несколько луковиц.
2. На каждую луковицу загадайте мужское имя и поставьте в воду.
3. Какая луковица быстрее прорастет — так суженого и зовут.

Дополнительные ритуалы: нет.

8 июля

четверг, 28-й лунный день

Благоприятный день!

Оставайтесь в хорошем настроении!

Все, что раньше вызывало только вопросы, сковывало, запутывало ситуацию, — сегодня прояснится. Сохранить позитивный настрой поможет слово-лекарь ФИТА (рис. 16).

Что нужно сделать

1. Повторите слово-лекарь 3 раза.
2. Сядьте в мягкое кресло, руки уложите на колени ладонями вверх. Закройте глаза.
3. Представьте сад. Медленно сгущаются сумерки, на деревьях загораются разноцветные фонарики. Их становится все больше, и вот уже все наполнено точками цветного света, излучающего легкость и беззаботность. Впустите его энергию в себя. Позвольте энергии этого торжества наполнить вас ликующей силой.
4. Четко произнесите:
   «ФИТА дарит мне свободу и радость!»

Дополнительные ритуалы: см. 11 января, 9 февраля, 11 марта, 10 апреля, 9 мая, 8 июня, 7 августа, 5 сентября, 4 октября, 3 ноября, 2 декабря.

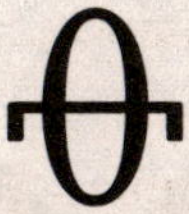

Рис. 16. Слово-лекарь ФИТА

9 июля

пятница, 29-й лунный день

Неблагоприятный день!

Будьте готовы к непредвиденным ситуациям!

Сегодня вас ждет немало трудностей. Но разрушить планы недоброжелателей вам поможет защита непредсказуемого бога Локи.

Что нужно сделать

1. Нарисуйте на листе бумаги руну Дагаз (рис. 17), думая о своей проблеме.
2. Произнесите 3 раза:

   «О бед кузнец и ас
   Коварства! Не трогай
   Ветром слов ненастье
   Лун лица, защиты
   Жду! Я вора дружбы
   Заклеймить хочу, чье
   Языка дно полно
   Яда и нет души!»
3. Носите лист с руной с собой, пока вам требуется ее защита, затем бумагу сожгите.

Дополнительные ритуалы: см. 12 января, 10 февраля, 12 марта, 11 апреля, 10 мая, 9 июня, 6 сентября, 5 октября, 4 ноября, 3 декабря.

Рис. 17. Руна Дагаз

10 июля

суббота, 30–1 лунные дни
Новолуние в 04:18

Нейтральный день!

Самое время запланировать дела. Все реализуется!

Утром подведите итоги месяца и поработайте с установкой на привлечение любви и изобилия. День подходит для обдумывания планов, осмысления своих желаний. Если вы стремитесь к любви — займитесь своей спальней.

Что нужно сделать
Сделайте свою спальню оплотом здоровья, любви и счастья! Интерьер ее должен быть спокойным и умиротворяющим. Поставьте на юго-запад излюбленный традиционный китайский символ счастливой любовной жизни — целующиеся голубки.

Дополнительные ритуалы: 11 февраля, 13 марта, 11 мая, 10 июня, 10 июля, 6 октября, 4 декабря.

11 июля

воскресенье, 2-й лунный день

Нейтральный день!

Не стоит жалеть о потерях!

Подарите амулет кому-нибудь из родных и близких.

Что нужно сделать
Счастливая ладонь предназначения — это талисман, оберегающий от неверных решений, он обозначает прощение, открытость и дружескую помощь, пробуждает интуицию и притягивает настоящих друзей.

Дополнительные ритуалы: см. 12 февраля, 14 марта, 12 мая, 11 июня, 9 августа, 7 октября, 5 декабря.

12 июля

понедельник, 3-й лунный день

Нейтральный день!

Дар убеждения доступен каждому!

Слышали такие выражения: «магия взгляда», «сила взгляда», «огонек в глазах». Это не просто слова. Магией взгляда можно овладеть.

Что нужно сделать

Нарисуйте на листе бумаги крупную черную точку. Укрепите лист на стене и встаньте на расстоянии полутора метров, чтобы черная точка оказалась на уровне глаз. Смотрите, не моргая, и представляя исходящие из глаз лучи, которые соединяются в этой точке. Необходимо представить движение энергии, льющейся из глаз.

Разговаривая с людьми, направляйте взгляд в место между бровями и мысленно передавайте свои желания или информацию вашему собеседнику.

Дополнительные ритуалы: см. 14 января, 13 февраля, 15 марта, 13 апреля, 13 мая, 12 июня, 10 августа, 8 сентября, 8 октября, 6 ноября, 6 декабря.

13 июля

вторник, 4-й лунный день

Нейтральный день!

Пора заняться собой!

В начале лунного месяца все процессы в организме замедляются. Снижается активность. Это время идеально для очищения кожи.

Что нужно сделать

1. Смешайте по 1 ст. л. оливкового масла, меда и мелкой морской соли.
2. Массирующими движениями нанесите на лицо.
3. Обязательно снимите раздражение, протерев кожу ватным диском, смоченным в отваре столетника.

Дополнительные ритуалы: см. 15 января, 14 февраля, 16 марта, 14 апреля, 14 мая, 13 июня, 11 августа, 9 сентября, 9 октября, 7 ноября, 7 декабря.

14 июля

среда, 5-й лунный день

Нейтральный день!

Подсознание подскажет решение!

С этого лунного дня начинается интенсивная магическая работа с травами. Сегодня можно приготовить сурью — напиток, очищающий дух и помогающий творить чистую судьбу.

Что нужно сделать

1. К 3 литрам молока добавьте 3 столовые ложки меда.
2. Опустите в молоко смесь трав: 1/4 чайной ложки хмеля, 1/4 чайной ложки донника, 1/4 чайной ложки крапивы, 1/4 чайной ложки полыни.
3. Все перемешайте, закупорьте и поставьте на солнце на 9 дней. Все это время напиток надо периодически помешивать.
4. Пейте сурью по стакану в день.

Дополнительные ритуалы: см. 16 января, 15 февраля, 17 марта, 15 апреля, 15 мая, 14 июня, 12 августа, 10 сентября, 10 октября, 8 ноября, 8 декабря.

15 июля

четверг, 6-й лунный день

Благоприятный день!

Природа поделится своей мудростью!

Сегодня на первый план выходит стихия Воздуха, поэтому следует обратиться к ее помощи. Один из символов дня — облака, именно они могут подать вам знак.

Что нужно сделать

1. Посмотрите на небо.
2. Хороший знак — если небо облачное, легкое.
3. Если облаков нет или оно затянуто тучами, стоит призадуматься, что-то идет на так.

Дополнительные ритуалы: см. 17 января, 16 февраля, 18 марта, 16 апреля, 16 мая, 15 июня, 13 августа, 11 сентября, 11 октября, 9 ноября, 9 декабря.

16 июля

пятница, 7-й лунный день

Благоприятный день!

Красноречие помогает достигать целей!

Сегодня все, высказанное вслух, может легко сбыться. В этот день каждое слово молитвы будет услышано.

Что нужно сделать

Прочитайте молитву Николаю Чудотворцу на материальное благополучие:

«Святой Николай Чудотворец, молю тебя о помощи. Прошу, будь ко мне строг, но справедлив. Пошли мне достаток и изобилие по вере моей и убереги от ошибок. Дай мне мудрости, чтобы грамотно распоряжаться деньгами, и привлеки возможности, которые даруют мне финансовую свободу. Уповаю на тебя, ибо ты помогаешь каждому просящему. Да прославится имя твое во веки веков. Аминь».

Дополнительные ритуалы: см. 18 января, 17 февраля, 19 марта, 17 апреля, 17 мая, 16 июня, 14 августа, 12 сентября, 12 октября, 10 ноября, 10 декабря.

17 июля

суббота, 8-й лунный день

Нейтральный день!

Самое время наладить отношения!

День подходит для разрешения спорных вопросов, выяснения отношений. Простите обидчиков. Воспользуйтесь советами Луизы Хей.

Что нужно сделать

Думая о человеке, который вас чем-то обидел, постарайтесь успокоиться! Произнесите:

«Я прощаю тебя (назвать имя) *за то, что ты не такой, каким я хотела бы тебя видеть! Прощаю и отпускаю тебя!»*

Дополнительные ритуалы: см. 19 января, 18 февраля, 20 марта, 18 апреля, 18 мая, 17 июня, 15 августа, 13 сентября, 13 октября, 11 ноября, 11 декабря.

18 июля

воскресенье, 9-й лунный день

Неблагоприятный день!

Терпение и внимательность!

Займитесь повседневными делами. Проведите ритуал для освобождения от стресса.

Что нужно сделать

1. Зажгите ароматическую палочку белого шалфея, расслабьтесь. Дымом травы, не торопясь, окурите свое тело, очищая ауру.
2. Затем произнесите:
   «О дух, я иду по этому пути и приглашаю тебя. Да будет каждый мой шаг благословен!»
3. Отправляйтесь на прогулку. Вернувшись, запишите все, что привлекло ваше внимание во время пути.

Дополнительные ритуалы: см. 20 января, 19 февраля, 21 марта, 19 апреля, 19 мая, 18 июня, 16 августа, 14 сентября, 14 октября, 12 ноября, 12 декабря.

19 июля

понедельник, 10-й лунный день

Нейтральный день!

Избыток энергии надо направить на укрепление здоровья.

Упражнение из оздоровительного комплекса «Белояр» поможет вам поддерживать позвоночник в хорошей форме.

Что нужно сделать

1. Встаньте ровно, поставив ноги на ширину длины стопы и чуть согнув в коленях. Таз выдвиньте чуть вперед, чтобы крестец и поясница оказались на одной линии. Пальцы рук вытяните к полу.
2. Одновременно начинайте тянуть макушку головы вверх, а ноги с силой упирать в пол, чтобы на уровне живота вы как бы почувствовали линию разрыва.
3. Оставайтесь в таком положении не менее минуты.

Выполняйте упражнение каждый день, постепенно увеличив его продолжительность до 10 мин.

Дополнительные ритуалы: см. 21 января, 20 февраля, 22 марта, 20 апреля, 20 мая, 19 июня, 17 августа, 15 сентября, 15 октября, 13 ноября, 13 декабря.

20 июля

вторник, 11-й лунный день

Нейтральный день!

Контроль эмоций приветствуется!

Этот день отличается очень сильной энергетикой. Соблюдайте несложные правила, и день пройдет благополучно.

Что нужно сделать

1. По возможности, отложите работу с металлами.
2. Не берите в руки колющие и режущие инструменты. Падающие в этот день ножи и вилки предупреждают об опасности, но найденная монета указывает на новую любовь.
3. Физические упражнения должны быть направлены на расслабление.

Дополнительные ритуалы: см. 22 января, 21 февраля, 23 марта, 21 апреля, 21 мая, 20 июня, 18 августа, 16 сентября, 16 октября, 14 ноября, 14 декабря.

21 июля

среда, 12-й лунный день

Благоприятный день!

Окружающие по достоинству оценят ваше участие!

Сегодня вам нужно больше отдавать, а не получать. Дарите подарки и желайте удачи. Проведите ритуал с 8 свечами.

Что нужно сделать

1. Зажгите 8 свечей.
2. Глядя на пламя, представьте в пламени свечей дорогого вам человека.
3. Произнесите на свечу благое пожелание, то есть любые добрые слова в его адрес (например, желаю процветания и изобилия, радости и удачи, любви и счастья и т. д.).

Дополнительные ритуалы: см. 23 января, 22 февраля, 24 марта, 22 апреля, 22 мая, 21 июня, 19 августа, 17 сентября, 17 октября, 15 ноября, 15 декабря.

22 июля

четверг, 13-й лунный день

Нейтральный день!

Пора почистить карму!

Энергии дня настраивают на размышление о том, что делаем на данном этапе жизни. Пять простых действий помогут вам улучшить свою карму.

Что нужно сделать

1. Не забывайте благодарить судьбу, Вселенную, этот мир, родителей, окружающих людей за все, что они дают вам.
2. Молитесь.
3. Практикуйте периодические воздержания от пищи, от секса, от общения и т. п.
4. Помогайте окружающим.
5. Анализируйте свои поступки.

Дополнительные ритуалы: см. 24 января, 23 февраля, 25 марта, 23 апреля, 23 мая, 22 июня, 20 августа, 18 сентября, 18 октября, 16 ноября, 16 декабря.

23 июля

пятница, 14-й лунный день

Нейтральный день!

Сегодня любые начинания обречены на успех!

Сегодня идет процесс открытия разных источников информации. Лунная вода, приготовленная в этот день, способствует исполнению вашего желания.

Что нужно сделать

1. Заполните банку талой водой.
2. Создайте в воображении образ своего желания. Волевым усилием «сбросьте» в воду.

3. Выставьте открытую банку вечером под лунный свет на час-два.
4. Плотно закройте емкость и храните в темном прохладном месте.
5. Пейте лунную воду каждый день по чуть-чуть.

Дополнительные ритуалы: см. 25 января, 24 февраля, 26 марта, 24 апреля, 24 мая, 23 июня, 21 августа, 19 сентября, 19 октября, 17 ноября, 17 декабря.

24 июля

суббота, 15-й лунный день
Полнолуние в 05:38

Неблагоприятный день!

Вода очищает не только тело, но и сознание!

Сегодня опасный день. Посветите его чтению аффирмаций, заботе о своем теле. Примите морскую ванну. Вода — лучшее средство против усталости и стресса.

Что нужно сделать

1. Наполните ванну теплой водой (примерно 38 градусов).
2. Высыпьте в нее полкилограмма крупнозернистой морской соли.
3. Принимайте ванну 15 минут, представляя, что все плохое растворяется и уходит.

Дополнительные ритуалы: см. 26 января, 25 февраля, 27 марта, 25 апреля, 25 мая, 24 июня, 22 августа, 20 сентября, 20 октября, 18 ноября, 18 декабря.

25 июля

воскресенье, 16-й лунный день

Нейтральный день!

Время очистить жилище!

Сегодня хорошо избавиться от лишнего в доме, сделать генеральную уборку. Если у вас дома постоянно кто-то болеет, проведите простой ритуал.

Что нужно сделать

1. Срежьте три веточки вербы.
2. После влажной уборки обметите ими каждый уголок в доме, читая при этом молитву «Отче наш».
3. Затем закопайте вербу возле дома со словами: *«Забери, Земля, дары твои. Кланяюсь тебе!»*

Дополнительные ритуалы: см. 27 января, 26 февраля, 28 марта, 26–27 апреля, 26 мая, 25–26 июня, 23 августа, 21 сентября, 21 октября, 19 ноября, 19 декабря.

26 июля

понедельник, 17-й лунный день

Нейтральный день!

Новые знакомства изменят жизнь!

Сегодня можно устройте праздник для себя и своих знакомых. Вы добьетесь успеха, если возьметесь готовить экзотические или необычные блюда.

Что нужно сделать

Сегодня единственный день, когда для вашего организма будет очень полезно натуральное вино. Особенно — красное. Но вы должны быть уверены в его качестве.

Хорошо отведать морепродуктов, особенно устриц. Найдите какой-нибудь сложный рецепт и приготовьте по нему блюдо. Вы прослывете великолепной хозяйкой и поразите своих друзей и своего мужчину.

Дополнительные ритуалы: см. 28 января, 27 февраля, 29 марта, 28 апреля, 27–28 мая, 27 июня, 24 августа, 22 сентября, 22 октября, 20 ноября, 20 декабря.

27 июля

вторник, 18-й лунный день

Нейтральный день!

Благоразумие сделает день приятнее!

Сегодня терпение и трудолюбие позволят получить помощь начальства и деньги партнеров. Усиливаются магнетизм и обаяние. Используйте эту энергию для исполнения желаний.

Что нужно сделать

1. При общении используйте язык тела.
2. Искренне заинтересуйтесь собеседником.
3. Найдите точки соприкосновения.
4. Проявите инициативу.

Дополнительные ритуалы: см. 29 января, 28 февраля, 30–31 марта, 29 апреля, 29 мая, 28 июня, 25 августа, 23 сентября, 23 октября, 21 ноября, 21 декабря.

28 июля

среда, 19-й лунный день

Неблагоприятный день!

Не время для важных дел!

День несет в себе негативную энергетику, поэтому отложите все важные вопросы. Побудьте дома, попросите прощения у близких и любимых! Прочтите защитное заклинание.

Что нужно сделать

1. Найдите место, где вам никто не сможет помешать.
2. Зажгите три свечи и, глядя на пламя огня, произнесите: *«Огонь-покровитель, силой своей меня защити, зло и несчастья от меня отведи. Аминь. Аминь. Аминь!»*

Дополнительные ритуалы: см. 1 января, 30 января, 1 марта, 1 апреля, 30 апреля, 30 мая, 29 июня, 26 августа, 24 сентября, 24 октября, 22 ноября, 22 декабря.

29 июля

четверг, 20-й лунный день

Нейтральный день!

Решительные действия притянут любовь!

Самое время бороться с нерешительностью и сомнениями. Действуйте! Вы хотите найти любимого человека или укрепить уже имеющиеся отношения? Проведите особый ритуал.

Что нужно сделать

1. Зажгите белую свечу, поставьте перед собой чашу с водой и белые цветы (подойдут лилии). Призовите Луну со словами:
   «Матушка Луна, я призываю тебя, благослови меня на счастье, наполни меня своей силой и мудростью, чтоб нашла я и сумела удержать свою взаимную любовь!»
2. После этого выпейте воду, выберите один из цветков и засушите его. Спрячьте в спальне от посторонних глаз.

Дополнительные ритуалы: см. 2 января, 31 января, 2–3 марта, 2 апреля, 1 мая, 31 мая, 30 июня, 27 августа, 25 сентября, 25 октября, 23 ноября, 23 декабря.

30 июля

пятница, 21-й лунный день

Нейтральный день!

Время для активных действий!

Оникс способствует накоплению жизненной энергии, помогает избавиться от нерешительности и мнительности.

Что нужно сделать

1. После покупки очистите украшение с ониксом от негативной энергии, оставив в чаше с солью на ночь.
2. Прижмите его к сердцу и произнесите:
   «Отныне ты мой верный друг и помощник. Даруй мне силы и решительность!»
3. Отправляясь по делам, требующим решительности, надевайте украшение.

Дополнительные ритуалы: см. 3 января, 1 февраля, 4 марта, 3 апреля, 2 мая, 1 июня, 1 июля, 28 августа, 26 сентября, 26 октября, 24 ноября, 24 декабря.

31 июля

суббота, 22-й лунный день

Нейтральный день!

Поиск новых знаний увенчается успехом!

Удачу принесет новая информация. В этот день хорошо устроить званый ужин. Обязательно включите в него фрукты, которые активизируют положительные энергии.

Что нужно сделать

Приготовьте фруктовый салат из апельсинов, киви, груши, яблок и винограда, других фруктов. Нарежьте их на небольшие кусочки, добавьте сливок, перемешайте.

Дополнительные ритуалы: см. 4–5 января, 2–3 февраля, 5 марта, 4 апреля, 3 мая, 2 июня, 2 июля, 29 августа, 27 сентября, 27 октября, 25 ноября, 25–26 декабря.

АВГУСТ

1 августа

воскресенье, 23-й лунный день

Неблагоприятный день!

Пора подумать о своем истинном предназначении!

Сегодня наблюдается негативное влияние дня. Если у вас сейчас не самые лучшие времена, попробуйте разобраться в себе, поразмышляйте о смысле своей жизни. В этом вам поможет руна Перт (рис. 18).

Что нужно сделать

1. Глядя на руну, сосредоточьтесь на своих желаниях, путях их воплощения, проблемах, которые при этом возникают.
2. Закройте глаза, расслабьтесь, мысленно нарисуйте руну Перт, удерживайте ее образ, пока вам не придет решение проблемы.

Дополнительные ритуалы: см. 6 января, 4 февраля, 6 марта, 5 апреля, 4 мая, 3 июня, 3 июля, 30 августа, 28 сентября, 28 октября, 26 ноября, 27 декабря.

Рис. 18. Руна Перт

2 августа

понедельник, 24-й лунный день

Благоприятный день!

Улыбка делает жизнь прекрасней!

Сегодня идет процесс разрушения старого и создание нового. День может принести пробуждение огромных сил. Сегодня можно зарядиться энергией ели.

Что нужно сделать

1. Обойдите ель по кругу и выберите ровную веточку.
2. Не отходя от дерева, нашепчите на веточку 12 раз: *«Встану я, раба божья* (назвать имя), *помолясь, пойду, перекрестясь, в темный лес, в ельник зеленый. Как на елях иголок считать не пересчитать, так и монет у меня в кармане. Как птички на деревах песни поют, так мне, рабе Божьей* (назвать имя), *горя не знать. Аминь!»*
3. Дома поставьте веточку в вазу с водой.

Дополнительные ритуалы: см. 7 января, 5 февраля, 7 марта, 6 апреля, 5 мая, 4 июня, 4 июля, 3 августа, 31 августа, 29 сентября, 29–30 октября, 27–28 ноября, 28 декабря.

3 августа

вторник, 24-й лунный день

Благоприятный день!

Позитив притянет удачу!

День благоприятен для освобождения от всего ненужного. Если на работе обнаружился человек, который вам завидует, вас спасет заговор.

Что нужно сделать

Увидев недоброжелателя, мысленно произнесите про себя:

«Как волны играют, покоя не знают, шумят, затихают, так и (назвать имя) *свои мысли от меня отвращает, свои козни обратно получает. Аминь!»*

Дополнительные ритуалы: см. 7 января, 5 февраля, 7 марта, 6 апреля, 5 мая, 4 июня, 4 июля, 2 августа, 31 августа, 29 сентября, 29–30 октября, 27–28 ноября, 28 декабря.

4 августа

среда, 25-й лунный день

Нейтральный день!

Время завершить все важные дела!

Подводим итоги и расслабляемся. Заложите в подсознание нужные идеи и утверждения.

Что нужно сделать

Повторяйте аффирмации для обретения счастья.

«Я очищаю свое сознание! Я прощаю и освобождаю свою душу от тяжелого груза прошлого! Я любима, богата и счастлива! С радостью и любовью благодарю Светлые силы за этот прекрасный день! Благодарю за чудо жизни!»

Дополнительные ритуалы: см. 8 января, 6 февраля, 8 марта, 7 апреля, 6 мая, 5 июня, 5 июля, 1–2 сентября, 30 сентября, 1 октября, 31 октября, 29 ноября, 29 декабря.

5 августа

четверг, 26-й лунный день

Нейтральный день!

Чрезмерная активность не принесет пользы!

Энергии дня рассеивают внимание и заставляют нас бессмысленно суетиться и беспокоиться. Сегодня легко застрять в трясине бытовых мелочей. Магический кофе поможет все успевать без спешки.

Что нужно сделать

1. Утром сварите кофе. Положите в него по 2–3 г молотого имбиря, кардамона и корицы.
2. Проговорите над напитком:
   «Ходила Маланья на чужу сторонушку, пивала Маланья напиток заморский, стала Маланья и лицом краше, и характером глаже. Все теперь знает, везде успевает! Аминь!»
3. Наслаждайтесь напитком вместе с родными.

Дополнительные ритуалы: см. 9 января, 7 февраля, 9 марта, 8 апреля, 7 мая, 6 июня, 6 июля, 3 сентября, 2 октября, 1 ноября, 30 ноября, 30 декабря.

6 августа

пятница, 27-й лунный день

Нейтральный день!

Пора гармонизировать свою жизнь!

Сегодня проявите сдержанность и спокойствие. Все волнующие вас ситуации разрешатся сами собой!

Что нужно сделать

Запишите на листе бумаги все ваши финансовые проблемы и пустите листок по проточной воде или сожгите его. Во время этих действий проговаривайте:

«Моя радость — получать, моя радость — отдавать!»

Дополнительные ритуалы: см. 10 января, 8 февраля, 10 марта, 9 апреля, 8 мая, 7 июня, 4 сентября, 3 октября, 2 ноября, 1 декабря, 31 декабря.

7 августа

суббота, 28-й лунный день

Благоприятный день!

Гармония и позитив!

Сегодня вокруг много позитивной энергии, воспользуйтесь этим. Чтобы получить доступ к благой энергии изобилия, используйте силу денежных талисманов фэншуй. Приобретите талисман Золотое руно для себя или для подарка близкому человеку.

Что нужно сделать

Расположите этот великолепный символ изобилия в зоне Богатства (юго-восточный сектор квартиры). Ваше благосостояние будет непрерывно расти, денежная энергия потечет к вам.

Дополнительные ритуалы: см. 11 января, 9 февраля, 11 марта, 10 апреля, 9 мая, 8 июня, 8 июля, 5 сентября, 4 октября, 3 ноября, 2 декабря.

8 августа

воскресенье, 29–1-й лунные дни
Новолуние в 16:51

Неблагоприятный день!

Удачный момент для планов на будущее!

Сегодня трудности являются благом. Это знак того, что вы не раб тьмы, вам просто показывают проблемы, над которыми надо поработать. После новолуния следует задуматься о будущем.

Что нужно сделать

Утром 3 раза прочитайте защитную молитву старца Нектария Оптинского:

«Господи, Иисусе Христе, Сыне Божий, грядый судити живых и мертвых, помилуй нас, грешных, прости грехопадения всей нашей жизни, и ими же веси судьбами сокрый нас от лица антихриста в сокровенной пустыне спасения Твоего!»

Дополнительные ритуалы: см. (до 16:51) 12 января, 10 февраля, 12 марта, 11 апреля, 10 мая, 9 июня, 9 июля, 6 сентября, 5 октября, 4 ноября. См. (после 16:51) 13 января, 12 апреля, 7 сентября, 5 ноября.

9 августа

понедельник, 2-й лунный день

Нейтральный день!

Радостное общение и позитив!

Этот день очень важен. От того, как вы проведете его, что сделаете, зависит весь лунный месяц. Простой ритуал поможет вам понять, верное ли решение вы приняли.

Что нужно сделать

Расположитесь удобно и положите левую ладонь на область желудка. Подумайте о том, что собираетесь делать. Если под ладонью желудок отреагирует спазмом — действие вредно. Если желудок спокоен — полезно.

Дополнительные ритуалы: см. 12 февраля, 14 марта, 12 мая, 11 июня, 11 июля, 7 октября, 5 декабря.

10 августа

вторник, 3-й лунный день

Нейтральный день!

Пора реализовывать планы!

День подходит для любых дел. Проведите ритуал постановки целей, записав самые важные на красной бумаге.

Что нужно сделать

1. На листке нужно записать важные для вас цели.
2. Самые важные из списка перепишите на отдельной «волшебной» красной бумажке и положите в кошелек.
3. Через месяц ее можно достать и проверить, что сбылось.

Дополнительные ритуалы: см. 14 января, 13 февраля, 15 марта, 13 апреля, 13 мая, 12 июня, 12 июля, 8 сентября, 8 октября, 6 ноября, 6 декабря.

11 августа

среда, 4-й лунный день

Нейтральный день!

Самое время для творческой работы!

Спокойный день. Отдыхайте, приберитесь в доме, избавьтесь от ненужного. Выучите и повторяйте мантру, призывающую счастье в любви.

Что нужно сделать

Весь день повторяйте чудесную мантру для счастья в любви:

«ОМ ШРИ КРИШНАЙЯ ГОВИНДАЙЯ ГОПИДЖАНА НАМАХ».

Дополнительные ритуалы: см. 15 января, 14 февраля, 16 марта, 14 апреля, 14 мая, 13 июня, 13 июля, 9 сентября, 9 октября, 7 ноября, 7 декабря.

12 августа

четверг, 5-й лунный день

Нейтральный день!

Удачный момент заглянуть в магический кристалл!

Вы легко добьетесь своего, если используете вашу интуицию. Пробудить ее поможет фимиам из трав и пряностей.

Что нужно сделать

1. Разожгите фимиам из трав и пряностей, содействующих ясновидению, — базилика, шалфея, полыни, мускатного ореха, аниса и ивовых листьев.
2. Наполните стеклянную чашу водой, внимательно вглядитесь в спокойную водную гладь. Чем дольше вы сосредоточиваетесь на воде, тем глубже ваше сознание погружается в транс.
3. На глади воды, возможно, вы разглядите пророческие символы, а то и реальные сюжеты будущего.

Дополнительные ритуалы: см. 16 января, 15 февраля, 17 марта, 15 апреля, 15 мая, 14 июня, 14 июля, 10 сентября, 10 октября, 8 ноября, 8 декабря.

13 августа

пятница, 6-й лунный день

Благоприятный день!

Важно принять себя со всеми достоинствами и недостатками!

Сегодня очень эффективна работа со словом. Чтобы оградить себя от денежных потерь, прочитайте заговор на воду.

Что нужно сделать

1. Возьмите стакан талой воды.
2. Нашепчите на нее заговор:
   «От белого глаза, от серого и от черного. Я не помогаю, я не пособ-ляю, а на помощь Господа Бога призываю. Помоги, Господи, сам Иисус Христос с Пресвятой Богородицей рабе Божьей (назвать имя)».
3. Выпейте воду мелкими глотками.

Дополнительные ритуалы: см. 17 января, 16 февраля, 18 марта, 16 апреля, 16 мая, 15 июня, 15 июля, 11 сентября, 11 октября, 9 ноября, 9 декабря.

14 августа

суббота, 7-й лунный день

Благоприятный день!

Вселенная откликается на каждое слово!

Начните прислушиваться к тому, что говорят вам и что говорите вы. У православных сегодня Медовый спас. Проведите старинный обряд.

Что нужно сделать

1. Возьмите горсть мака и наговорите на него:
«Маку, маку, маковею добрых слов не пожалею. Мак, мак, маковей, мои просьбы разумей, отведи нечистый дух, злых колдуний и шептух. Отведи лихо, пусть сидит тихо. Аминь».
2. Заговоренным маком «обсейте» весь дом и всех членов семьи.

Дополнительные ритуалы: см. 18 января, 17 февраля, 19 марта, 17 апреля, 17 мая, 16 июня, 16 июля, 12 сентября, 12 октября, 10 ноября, 10 декабря.

15 августа

воскресенье, 8-й лунный день

Нейтральный день!

Пусть все неприятное останется в прошлом!

Осознайте, что вы просите изобилия не только лично для себя. Прочтите мантру тибетскому Богу богатства Джамбале.

Что нужно сделать

1. Дайте мысленное обещание, что будете помогать тем, кто в этом нуждается, не ожидая ничего взамен.
2. Прочитайте мантру 108 раз:
   «ОМ ПАДМА КРОДА АЙЯ ДЖАМБАЛА ШРИДХАЙЯ ХУМ ПЕ».

Дополнительные ритуалы: см. 19 января, 18 февраля, 20 марта, 18 апреля, 18 мая, 17 июня, 17 июля, 13 сентября, 13 октября, 11 ноября, 11 декабря.

16 августа

понедельник, 9-й лунный день

Неблагоприятный день!

Важно сохранить душевный покой!

Этот день чреват серьезными проблемами. На пустом месте могут возникнуть ссоры, конфликты. Сегодня полезно поработать с родовыми проблемами.

Что нужно сделать

1. Вспомните, а главное воплотите в жизнь традицию, идущую через мать, подумайте о жизни матери, ее советах. Вспомните бабушку по материнской линии, прабабушку и т. д.
2. Следите за знаками. Разбитое зеркало и пролитое молоко в этот день — плохие приметы, значит, вы не цените традиции, идущие через мать.

Дополнительные ритуалы: см. 20 января, 19 февраля, 21 марта, 19 апреля, 19 мая, 18 июня, 18 июля, 14 сентября, 14 октября, 12 ноября, 12 декабря.

17 августа

вторник, 10-й лунный день

Нейтральный день!

Самое время для активных действий!

Сегодня вам благоволит удача, а прошлое дает подсказки. Проведите ритуал для ускорения желаемых изменений.

Что нужно сделать

Если в сложном деле никак не наступит желанных перемен, передвиньте в доме 27 предметов, которые не передвигались в течение года. Дело сдвинется с мертвой точки. Вы привлечете к себе жизненную энергию Ци.

Дополнительные ритуалы: см. 21 января, 20 февраля, 22 марта, 20 апреля, 20 мая, 19 июня, 19 июля, 15 сентября, 15 октября, 13 ноября, 13 декабря.

18 августа

среда, 11-й лунный день

Нейтральный день!

Важно не растратить энергию впустую!

Этот день характеризуется мощной творческой энергией. Расслабьтесь, побудьте наедине с собой, прочитайте аффирмации.

Что нужно сделать

1. Примите удобное положение, расслабьтесь.
2. Произнесите:
   «Я живу в гармонии и мире со всей Вселенной!
   Я нахожусь в полной гармонии с миром и людьми.
   Спокойствие и гармония наполняют мою душу».

Дополнительные ритуалы: см. 22 января, 21 февраля, 23 марта, 21 апреля, 21 мая, 20 июня, 20 июля, 16 сентября, 16 октября, 14 ноября, 14 декабря.

19 августа

четверг, 12-й лунный день

Благоприятный день!

Поспешность и напористость не приветствуются!

У православных сегодня праздник Преображение Господне, или Яблочный спас. В этот день благоприятно провести обряд на привлекательность и омоложение.

Что нужно сделать

1. Нарежьте освященное в церкви яблоко.
2. Залейте кипятком и произнесите:
   «Яблочко наливное, красивое, живое, пусть красота твоя перейдет на меня! Аминь».
3. Слегка остывший «компот» выпейте, мысленно повторяя этот же заговор. Кусочки яблока съешьте.

Дополнительные ритуалы: см. 23 января, 22 февраля, 24 марта, 22 апреля, 22 мая, 21 июня, 21 июля, 17 сентября, 17 октября, 15 ноября, 15 декабря.

20 августа

пятница, 13-й лунный день

Нейтральный день!

Обиды мешают двигаться вперед!

Часто прошлые отношения не дают вам найти новую любовь. Вы психологически привязаны к человеку, не можете не думать о нем, и Вселенная, которая считывает ваши желания, не предлагает вам другого человека. Проведите ритуал «Закрытая дверь».

Что нужно сделать

Представьте, что между вами и человеком, с которым нужно расстаться, находится открытая дверь. Вы стоите на таком расстоянии, что можете протянуть руку и закрыть дверь.

Поговорите со своим бывшим, поблагодарите его за все, простите, попрощайтесь, протяните руку и закройте дверь.

Дополнительные ритуалы: см. 24 января, 23 февраля, 25 марта, 23 апреля, 23 мая, 22 июня, 22 июля, 18 сентября, 18 октября, 16 ноября, 16 декабря.

21 августа

суббота, 14-й лунный день

Нейтральный день!

Активность и физические нагрузки!

Сегодня на нас наваливаются непонятная тоска и уныние. Чтобы поднять настроение и активировать денежную энергию, проведите ритуал «Радуга».

Что нужно сделать

1. На листе бумаги цветными карандашами нарисуйте радугу.
2. На каждом из семи сегментов напишите свои желания.
3. Проговорите над рисунком:
   «Как радуга ярко чудится, так и желания мои быстро сбудутся!»
4. Повесьте рисунок дома на видное место.

Дополнительные ритуалы: см. 25 января, 24 февраля, 26 марта, 24 апреля, 24 мая, 23 июня, 23 июля, 19 сентября, 19 октября, 17 ноября, 17 декабря.

22 августа

воскресенье, 15-й лунный день
Полнолуние в 15:03

Неблагоприятный день!

Не время для важных занятий!

Посвятите день отдыху. Сегодня благоприятно работать с янтрами. Защитите свой дом от негативной энергии при помощи Махамритьюнджая-янтры (рис. 19).

Что нужно сделать

1. Активируйте свой талисман. Несколько минут рассматривайте изображение янтры.
2. Закройте глаза и 108 раз произнесите мантру:
   «ОМ».
3. Повесьте Махамритьюнджая-янтру над входной дверью.
4. Через год повторите ритуал.

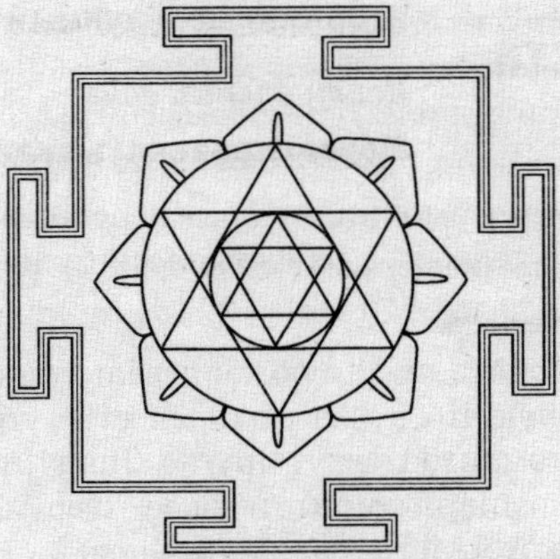

Рис. 19. Махамритьюнджая-янтра

Дополнительные ритуалы: см. 26 января, 25 февраля, 27 марта, 25 апреля, 25 мая, 24 июня, 24 июля, 20 сентября, 20 октября, 18 ноября, 18 декабря.

23 августа

понедельник, 16-й лунный день

Нейтральный день!

День накопления опыта и мудрости. Слушайте себя!

Энергия дня побуждает отбросить все ненужное, в том числе зависть, злобу, суетливость, мстительность. Исполнить желание поможет ритуал с яблоком.

Что нужно сделать

1. Возьмите самое красивое яблоко нового урожая.
2. Откусывая от него по маленькому кусочку, приговаривайте:
   «Что загадано — то надумано. Что надумано — то сбудется. Что сбудется — не минуется».

Дополнительные ритуалы: см. 27 января, 26 февраля, 28 марта, 26–27 апреля, 26 мая, 25–26 июня, 25 июля, 21 сентября, 21 октября, 19 ноября, 19 декабря.

24 августа

вторник, 17-й лунный день

Нейтральный день!

Можно проявлять авантюризм!

Добрые чувства и эмоции, которые переполняют вас в этот день, не стоит держать в себе. Выплесните их в танце.

Что нужно сделать

Вечером включите любимую танцевальную музыку и потанцуйте. Лучше это делать в одиночестве, чтобы вы могли не думать о том, что скажут другие. Танцуйте как умеете. В конце композиции замрите и какое-то время оставайтесь в той позе, в которой вас застала концовка.

Дополнительные ритуалы: см. 28 января, 27 февраля, 29 марта, 28 апреля, 27–28 мая, 27 июня, 26 июля, 22 сентября, 22 октября, 20 ноября, 20 декабря.

25 августа

среда, 18-й лунный день

Нейтральный день!

Важно найти гармонию и равновесие в душе!

В этот день лучше всего заняться домашними делами, не огорчаться по поводу неразрешенных ситуаций. Для повышения настроения улыбнитесь себе внутренним взором.

Что нужно сделать

1. Закройте глаза и улыбнитесь. Пусть даже для этого вам придется сделать над собой усилие — все равно улыбнитесь.
2. Произнесите:
   «Моя улыбка — магнит для радости, любви, успеха и процветания! Счастье со мной!»

Дополнительные ритуалы: см. 29 января, 28 февраля, 30–31 марта, 29 апреля, 29 мая, 28 июня, 27 июля, 23 сентября, 23 октября, 21 ноября, 21 декабря.

26 августа

четверг, 19-й лунный день

Неблагоприятный день!

Прощение сделает день лучше!

Не беритесь за важные дела! Сегодня прекрасный день для того, чтобы побыть дома, попросить прощения у близких. Вам поможет ритуал прощения.

Что нужно сделать

1. Отбросьте посторонние мысли и улыбнитесь себе. Улыбка — верный сигнал того, что вы на пути к здоровью и процветанию.
2. Мысленно простите всех, кто вас окружает, и поблагодарите их за полученный опыт.

Дополнительные ритуалы: см. 1 января, 30 января, 1 марта, 1 апреля, 30 апреля, 30 мая, 29 июня, 28 июля, 24 сентября, 24 октября, 22 ноября, 22 декабря.

27 августа

пятница, 20-й лунный день

Нейтральный день!

Пора принять важное решение!

Несмотря на препятствия, не отступайте от своих желаний. А чтобы желания быстрее реализовались, используйте энергию волос.

Что нужно сделать

1. Расчесывая волосы, думайте о благополучном исходе занимающих вас дел, простыми действиями вы создаете различные токи энергии.
2. Не позволяйте чужим людям расчесываться в вашем доме. Чужие волосы тянут вашу энергию своему хозяину.

Дополнительные ритуалы: см. 2 января, 31 января, 2–3 марта, 2 апреля, 1 мая, 31 мая, 30 июня, 29 июля, 25 сентября, 25 октября, 23 ноября, 23 декабря.

28 августа

суббота, 21-й лунный день

Нейтральный день!

Самое время отправиться в путешествие!

Удачу приносят все дела, связанные с поездками и профессиональной деятельностью. Добиться успеха вам помогут аффирмации.

Что нужно сделать

1. Настройтесь на аффирмации.
2. Произнесите, веря в силу своих слов:
   «Удача — норма моей жизни. Я выбираю радость и успех! Я легко и просто творю чудеса! Мои мечты сбываются!»

Дополнительные ритуалы: см. 3 января, 1 февраля, 4 марта, 3 апреля, 2 мая, 1 июня, 1 июля, 30 июля, 26 сентября, 26 октября, 24 ноября, 24 декабря.

29 августа

воскресенье, 22-й лунный день

Нейтральный день!

Пора воплотить новые идеи в жизнь!

Наступает время для успешного решения новых задач. У православных в этот день отмечается Ореховый спас. Исполнить желание поможет настоящая волшебная палочка.

Что нужно сделать

1. Срежьте ветку орехового дерева.
2. Выстругайте палочку, повторяя про себя свое заветное желание.
3. Подожгите палочку, проговорив:
   «Дымовец-молодец, гроза деревец, слушай приказание — исполняй желание!»
4. Подождите, пока палочка не сгорит полностью, проговаривая мысленно или вслух свое желание.

Дополнительные ритуалы: см. 4–5 января, 2–3 февраля, 5 марта, 4 апреля, 3 мая, 2 июня, 2 июля, 31 июля, 27 сентября, 27 октября, 25 ноября, 25–26 декабря.

30 августа

понедельник, 23-й лунный день

Неблагоприятный день!

Важно правильно направить энергию дня!

День несет негативные вибрации. Поберегите свое здоровье, особенно сон. Чтобы вас не беспокоили ночные кошмары, прочитайте заговор.

Что нужно сделать

После сна включите в кране воду. Пока она будет течь, произнесите несколько раз: *«Куда вода, туда и сон!»*

Дополнительные ритуалы: см. 6 января, 4 февраля, 6 марта, 5 апреля, 4 мая, 3 июня, 3 июля, 1 августа, 28 сентября, 28 октября, 26 ноября, 27 декабря.

31 августа

вторник, 24-й лунный день

Благоприятный день!

Творчество возвращает радость жизни!

День решительных действий. Притянуть удачу поможет простой ритуал.

Что нужно сделать

1. Возьмите яблоко нового урожая.
2. Разрежьте его на пять частей, посыпьте небольшим количеством молотой корицы и съешьте, приговаривая: *«Спелостью привлеку, духом злые чары разгоню!»*

Дополнительные ритуалы: см. 7 января, 5 февраля, 7 марта, 6 апреля, 5 мая, 4 июня, 4 июля, 2–3 августа, 29 сентября, 29–30 октября, 27–28 ноября, 28 декабря.

СЕНТЯБРЬ

1 сентября

среда, 25-й лунный день

Нейтральный день!

Не нужно беспокоиться!

Не начинайте ничего нового. Больше размышляйте и меньше общайтесь. В этот день проведите ритуал освобождения от тревожных мыслей, которые мешают притоку благой энергии.

Что нужно сделать

1. Встаньте прямо, вспомните ситуацию, которая вас беспокоит.
2. Поднимите правую руку вверх, затем резко ее опустите, сказав:
   «Отпускаю!»

Дополнительные ритуалы: см. 8 января, 6 февраля, 8 марта, 7 апреля, 6 мая, 5 июня, 5 июля, 4 августа, 2 сентября, 30 сентября, 31 октября, 29 ноября, 29 декабря.

2 сентября

четверг, 25-й лунный день

Нейтральный день!

Время закончить долгосрочные проекты!

Оглянитесь назад, поблагодарите Вселенную за все, что с вами произошло. Если что-то в прошлом вас не устраивает, просто перепишите свою жизненную историю.

Что нужно сделать

1. Запишите простым карандашом основные этапы реальной биографии. Сотрите резинкой неудачные, печальные этапы своей жизни.
2. Напишите в освободившихся местах новые жизненные истории.
3. При составлении новой автобиографии не скромничайте — пишите идеальный вариант.

Дополнительные ритуалы: см. 8 января, 6 февраля, 8 марта, 7 апреля, 6 мая, 5 июня, 5 июля, 4 августа, 1 сентября, 30 сентября, 1 октября, 31 октября, 29 ноября, 29 декабря.

3 сентября

пятница, 26-й лунный день

Нейтральный день!

Переутомление противопоказано!

Сегодня стоит воздержаться от пустых разговоров и бесполезных дел. Воспользуйтесь моментом и проведите ритуал избавления от своих страхов и тревог за будущее.

Что нужно сделать

1. Вам понадобятся: ароматическая палочка с запахом шалфея, сухие ветки рябины, список ваших страхов, огнеупорное блюдо.
2. Подожгите палочку и окурите всю себя — с головы до пят. Сложите ветки рябины на блюдо и подожгите их.
3. Сожгите в их пламени список ваших страхов и проговорите:
   «Да буду я защищена силой Огня! Бесстрашно, как пламя, пойду я своей дорогой!»

Вы почувствуете, как магическая сила Огня рассеивает все ваши опасения.

Дополнительные ритуалы: см. 9 января, 7 февраля, 9 марта, 8 апреля, 7 мая, 6 июня, 6 июля, 5 августа, 2 октября, 1 ноября, 30 ноября, 30 декабря.

4 сентября

суббота, 27-й лунный день

Нейтральный день!

Время отказаться от суеты!

Не пытайтесь сегодня переделать все дела. Настройтесь на позитивный лад. Настроиться на богатство и изобилие вам помогут аффирмации для привлечения денег.

Что нужно сделать

Сегодня читайте аффирмации утром и вечером:

«Деньги слетаются ко мне отовсюду!
Я открываюсь навстречу Изобилию!
Блага приходят ко мне из самых неожиданных источников!
Я — центр притяжения богатства!»

Дополнительные ритуалы: см. 10 января, 8 февраля, 10 марта, 9 апреля, 8 мая, 7 июня, 6 августа, 3 октября, 2 ноября, 1 декабря, 31 декабря.

5 сентября

воскресенье, 28-й лунный день

Благоприятный день!

Важно поверить в себя!

Если вы хотите быть любимой, сконцентрируйтесь на мыслях о бесконечной любящей Вселенной. Сегодня самое время заняться позитивными установками.

Что нужно сделать

1. Хвалите себя как можно чаще. Не стесняйтесь говорить себе о любви. Подбадривайте себя, восхваляйте.

2. Помните о том, что вы не одиноки. Множество невидимых помощников и друзей с нетерпением ждут вашей просьбы о помощи и поддержке.

Дополнительные ритуалы: см. 11 января, 9 февраля, 11 марта, 10 апреля, 9 мая, 8 июня, 8 июля, 7 августа, 4 октября, 3 ноября, 2 декабря.

6 сентября

понедельник, 29-й лунный день

Неблагоприятный день!

Нужно подумать о защите!

Сегодня активизируются отрицательные потоки, силы могут быть на исходе. Самое время поработать со словом-лекарем ОТ (рис. 20).

Что нужно сделать

1. Повторите слово-лекарь 4 раза.
2. Сядьте на пол, прислонившись спиной к стене, согните ноги в коленях, обхватите их руками. Голову положите на колени. Закройте глаза.
3. Представьте себя сидящим на теплой почве. Ощутите ту массу земли и камня, которая находится сейчас под вами. Под этой твердой толщей потоки расплавленных металлов непрерывно движутся по кругу. Сила их движения огромна, и сейчас она входит в ваше тело.

Сила разливается по вашему телу. Вы готовы к новым делам — древняя мощь поможет вам справиться с любыми нагрузками.

4. Четко произнесите:
   «ОТ дарит мне Силу».

Дополнительные ритуалы: см. 12 января, 10 февраля, 12 марта, 11 апреля, 10 мая, 9 июня, 9 июля, 5 октября, 4 ноября, 3 декабря.

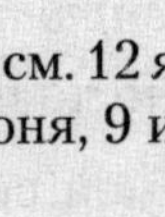

Рис. 20. Слово-лекарь ОТ

7 сентября

вторник, 1–2-й лунные дни
Новолуние в 03:53

Нейтральный день!

Пора запланировать дела на следующий лунный месяц!

Сегодня очень удачный день. Планируйте, мечтайте, закладывайте основу процветания. Загадайте сегодня любовное желание и создайте талисман из ромашки.

Что нужно сделать

1. Отделите цветы 5 или 7 ромашек от стеблей и высушите их в тени.
2. Поместите ромашки в стеклянную чашу.
3. Помешивая цветы правой рукой, проговорите 3 раза: *«Сколько звезд на небе, сколько лепестков в чаше — столько любви ко мне в сердце* (имя избранника)! *Аминь»*.
4. Дуньте на цветы 3 раза, представляя, что ваше желание вместе с выдыхаемым воздухом переходит на ромашки.
5. Соберите цветы в холщовый или льняной мешочек и храните в спальне.

Дополнительные ритуалы: см. 13 января, 12 апреля, 5 ноября.

8 сентября

среда, 3-й лунный день

Нейтральный день!

Время действовать!

Сегодня нужно обязательно сделать шаг к достижению своей цели. Если вы мечтаете о серьезных отношениях, начните день с ритуала.

Что нужно сделать

1. Покатайте в ладонях горошинку черного перца.
2. Произнесите заклинание:
   «Для сердца чистого одна любовь — судьба. Пусть новая жизнь начнется, а старая забудется. Аминь!»

3. Поместите горошину в бумажный пакетик и положите в сумочку.

Дополнительные ритуалы: см. 14 января, 13 февраля, 15 марта, 13 апреля, 13 мая, 12 июня, 12 июля, 10 августа, 8 октября, 6 ноября, 6 декабря.

9 сентября

четверг, 4-й лунный день

Нейтральный день!

Общайтесь правильно!

Сегодня спокойный день. Общайтесь! Сегодня слово имеет особую силу. Произнесите заговор.

Что нужно сделать

1. Левой рукой возьмите столько сухих горошин, сколько вам полных лет. Ссыпьте горох в миску и наговорите на него:
   «Как Адам в раю был один, да не один остался, так бы и мне, рабе Божьей (назвать имя), *пару свою найти, да век свой доживать в любви и согласии. Аминь»*.
2. Горох заройте в землю рядом с домом.

Дополнительные ритуалы: см. 15 января, 14 февраля, 16 марта, 14 апреля, 14 мая, 13 июня, 13 июля, 11 августа, 9 октября, 7 ноября, 7 декабря.

10 сентября

пятница, 5-й лунный день

Нейтральный день!

Вы легко воспринимаете любые перемены!

Подумайте о важности любви и гармоничных отношений. Создать их вам помогут аффирмации.

Что нужно сделать

Отбросьте все посторонние мысли и произнесите:

«Я — добрый, радостный и счастливый человек! Я высоко ценю себя. Я привлекаю в свою жизнь любовь и уважение людей».

Дополнительные ритуалы: см. 16 января, 15 февраля, 17 марта, 15 апреля, 15 мая, 14 июня, 14 июля, 12 августа, 10 октября, 8 ноября, 8 декабря.

11 сентября

суббота, 6-й лунный день

Благоприятный день!

Пора побыть наедине с собой!

Сегодня не пытайтесь ничего изменить, воспринимайте вещи, такими, как они есть. Начиная с сегодняшнего дня и еще 11 дней (всего 12 дней) проводите обряд на омоложение.

Что нужно сделать

За 30–40 минут до отхода ко сну съешьте яблоко, предварительно трижды на него наговорив:

«То ли в дождь, то ли в солнце, то ль в жару, то ль в холодину было простым, стало молодильным. Да будет так! Да будет так! Да будет так!»

Дополнительные ритуалы: см. 17 января, 16 февраля, 18 марта, 16 апреля, 16 мая, 15 июня, 15 июля, 13 августа, 11 октября, 9 ноября, 9 декабря.

12 сентября

воскресенье, 7-й лунный день

Благоприятный день!

Не время для пустой болтовни!

В этот день Вселенная очень чутко откликается на каждое, даже случайно произнесенное, слово и звук. Прибегните к магии целебного звука «У».

Что нужно сделать

1. Расслабьтесь, сконцентрируйтесь на темечке (чакра Сахасрара) и начинайте тянуть звук «У» на максимально низком тоне 3–5 минут.
2. Почувствуйте, как вас наполняет энергия, появляется стремление к активным действиям.

Дополнительные ритуалы: см. 18 января, 17 февраля, 19 марта, 17 апреля, 17 мая, 16 июня, 16 июля, 14 августа, 12 октября, 10 ноября, 10 декабря.

13 сентября

понедельник, 8-й лунный день

Нейтральный день!

Ненужные связи следует разрывать!

Сегодня вам по плечу не только преодоление препятствий, но и обретение внутренней свободы и пробуждение скрытых сил.

Что нужно сделать

Прислушайтесь к себе, ваше тело может дать ответы на важные для вас вопросы. Так, например, если при обдумывании проблемы у вас в ногах возникает ощущение холода, — это нехороший знак, указание на подчинение чьей-то воле, на духовную зависимость от кого-то. Горячие ладони, наоборот, свидетельствуют о правильном выборе.

Дополнительные ритуалы: см. 19 января, 18 февраля, 20 марта, 18 апреля, 18 мая, 17 июня, 17 июля, 15 августа, 13 октября, 11 ноября, 11 декабря.

14 сентября

вторник, 9-й лунный день

Неблагоприятный день!

Не прельщайтесь сомнительными перспективами!

Сегодня активируется зло, поэтому обманы, заблуждения, иллюзии могут встретиться на каждом шагу. Противостоять негативным влияниям дня поможет обращение к богине здоровья и долголетия Идунн.

Что нужно сделать

1. Нарисуйте утром на листе бумаги руну Соулу (рис. 21).
2. Рассматривая рисунок, проговорите:

   «О ты, добрая дочь
   Звездного героя
   Великана! В дары
   Золото плодов
   Несущая! Слабость,
   Сомнения отсрочь!
   Силы дай проявить
   Мудрость терпения!»

3. Весь день носите рисунок с руной с собой.

Дополнительные ритуалы: см. 20 января, 19 февраля, 21 марта, 19 апреля, 19 мая, 18 июня, 18 июля, 16 августа, 14 октября, 12 ноября, 12 декабря.

Рис. 21. Руна Соулу

15 сентября

среда, 10-й лунный день

Нейтральный день!

Время для самостоятельности и активности!

Если вы мечтаете о замужестве, сегодня время для активных действий. Попробуйте мыслить так, как будто скоро ваша свадьба, и Вселенная примет ваш сигнал.

Что нужно сделать

1. Купите красивое приглашение на свадьбу.
2. Представьте, что скоро ваша свадьба. Что вы должны сделать? Больше деталей.
3. Напишите приглашение на свадьбу, обязательно поставьте число, год, ваше имя и имя возлюбленного или (если его нет) составьте приглашение, не упоминая имен.
4. Отправьте приглашение себе по почте, а когда оно придет, храните его в юго-западном секторе квартиры.

Дополнительные ритуалы: см. 21 января, 20 февраля, 22 марта, 20 апреля, 20 мая, 19 июня, 19 июля, 17 августа, 15 октября, 13 ноября, 13 декабря.

16 сентября

четверг, 11-й лунный день

Нейтральный день!

День несет в себе энергию обмана!

Если вы не уверены в правильности принятого решения, отложите его. Чтобы противостоять обману, проведите ритуал «Апельсин здоровья».

Что нужно сделать

1. Зажгите свечу оранжевого цвета и благовония ладана и лаврового дерева.
2. На небольшом апельсине березовой веточкой несколько раз напишите свое имя.
3. Обвяжите его лентой оранжевого цвета и завяжите ее концы так, чтобы получилась петелька.

4. Держа апельсин у солнечного сплетения, представьте, как жизненная энергия проникает в ваше тело, наполняя его здоровьем и солнечным светом.
5. Завершая ритуал, повесьте апельсин над своей кроватью на несколько дней.

Дополнительные ритуалы: см. 22 января, 21 февраля, 23 марта, 21 апреля, 21 мая, 20 июня, 20 июля, 18 августа, 16 октября, 14 ноября, 14 декабря.

17 сентября

пятница, 12-й лунный день

Благоприятный день!

Состояние равновесия и покой!

Обретя гармонию, вы найдете ответы на многие вопросы. Чтобы найти внутреннее равновесие, используйте звуковые вибрации.

Что нужно сделать

1. Примите удобное положение, расслабьтесь.
2. В умеренном ритме и на эмоциональном подъеме пропойте звук «О» (звонко).

Дополнительные ритуалы: см. 23 января, 22 февраля, 24 марта, 22 апреля, 22 мая, 21 июня, 21 июля, 19 августа, 17 октября, 15 ноября, 15 декабря.

18 сентября

суббота, 13-й лунный день

Нейтральный день!

Не верьте на слово!

Сегодня важно объединять все ресурсы (деньги, силы, связи) и активно действовать. Привлечь любовь можно при помощи ритуала.

Что нужно сделать

1. Выберите самое красивое яблоко.
2. Наговорите на него:
   «Как яблочко глаз ласкает, как и раба Божьего (назвать имя) *к рабе Божьей* (назвать имя) *влечет, покою не дает!»*
3. Яблоко нужно подкинуть избраннику, чтобы он его обязательно съел.

Дополнительные ритуалы: см. 24 января, 23 февраля, 25 марта, 23 апреля, 23 мая, 22 июня, 22 июля, 20 августа, 18 октября, 16 ноября, 16 декабря.

19 сентября

воскресенье, 14-й лунный день

Нейтральный день!

Сегодня вы — магнит, притягивающий восхищенные взгляды!

Смело приступайте к новым проектам. Для привлечения счастливой любви используйте талисман фэншуй — хрустальное сердечко.

Что нужно сделать

1. Кладите сердечко под лунный свет 3 ночи подряд.
2. Положите заряженное сердечко в спальне в ваш личный сектор семьи и брака.

Дополнительные ритуалы: см. 25 января, 24 февраля, 26 марта, 24 апреля, 24 мая, 23 июня, 23 июля, 21 августа, 19 октября, 17 ноября, 17 декабря.

20 сентября

понедельник, 15-й лунный день

Неблагоприятный день!

Пора отложить все важные занятия!

Займитесь своим физическим и душевным здоровьем. Молодая и здоровая кожа помогает нам чувствовать себя увереннее. Сделайте медовую маску.

Что нужно сделать

1. Перемешайте 2 ч. л. меда, 1 ч. л. масла зародышей пшеницы, 1 ампулу алоэ, 1 ч. л. лимонного сока.
2. Нанесите смесь на лицо на 20 минут, смойте теплой водой.

Дополнительные ритуалы: см. 26 января, 25 февраля, 27 марта, 25 апреля, 25 мая, 24 июня, 24 июля, 22 августа, 20 октября, 18 ноября, 18 декабря.

21 сентября

вторник, 16-й лунный день
Полнолуние в 02:56

Неблагоприятный день!

Проведите очищение мыслей и помещений!

После полнолуния хорошо бы избавиться от лишнего в дома, сделать генеральную уборку. После чего проведите очищение своих мыслей при помощи Сарасвати-янтры (рис. 22).

Что нужно сделать

1. Внимательно рассматривайте Сарасвати-янтру, ощущая, как вас охватывает умиротворение, спокойствие, все страхи и тревоги отходят на второй план, вы чувствуете свободу и легкость.
2. Запомните свои ощущения и вызывайте их в себе несколько раз в день.

Дополнительные ритуалы: см. 27 января, 26 февраля, 28 марта, 26–27 апреля, 26 мая, 25–26 июня, 25 июля, 23 августа, 21 октября, 19 ноября, 19 декабря.

Рис. 22. Сарасвати-янтра

22 сентября

среда, 17-й лунный день

Нейтральный день!

Хорошо устраивать праздники!

Сегодня рекомендуется делать все, что получается, что приятно и будет приносить радость и удовлетворение. Задумайтесь, не отпугивают ли ваши мысли ваше счастье.

Что нужно сделать

Чтобы найти своего суженого, вы должны полюбить мужчин.

Сегодня, встретив любого мужчину, сконцентрируйтесь и скажите мысленно:

«Этого мужчину я люблю...»

Если их несколько, то говорите про каждого:

«И вон того тоже!»

Так вы настроите себя на позитивное восприятие мужчин.

Дополнительные ритуалы: см. 28 января, 27 февраля, 29 марта, 28 апреля, 27–28 мая, 27 июня, 26 июля, 24 августа, 22 октября, 20 ноября, 20 декабря.

23 сентября

четверг, 18-й лунный день

Нейтральный день!

Терпение и спокойствие!

Все, что о вас сегодня скажут плохого, будет правдой. Задумайтесь, что нужно корректировать в себе, чтобы ситуация изменилась в желательном направлении.

Что нужно сделать

Побудьте сегодня зеркалом. При общении с людьми, особенно неприятными вам, мысленно произносите:

«Ваши речи на ваши плечи. Ваши мысли на вас повисли!»

Дополнительные ритуалы: см. 29 января, 28 февраля, 30–31 марта, 29 апреля, 29 мая, 28 июня, 27 июля, 25 августа, 23 октября, 21 ноября, 21 декабря.

24 сентября

пятница, 19-й лунный день

Неблагоприятный день!

Работа над собой принесет удачу!

Энергии дня не располагают к общению с окружающими. Займитесь проговариванием установки для уверенности в себе.

Что нужно сделать

1. Проговорите:
   «Отныне у меня все было, есть и будет очень хорошо!»
2. Прислушайтесь к своим ощущениям. Что вы чувствуете? Уверенность и радость или неверие в собственные силы? Дело в том, что могущественная сила, создавшая нас и беспристрастно считывающая все наши мысли, не обладает возможностью отличать наши страхи от наших желаний! Вдумайтесь в это!

Дополнительные ритуалы: см. 1 января, 30 января, 1 марта, 1 апреля, 30 апреля, 30 мая, 29 июня, 28 июля, 26 августа, 24 октября, 22 ноября, 22 декабря.

25 сентября

суббота, 20-й лунный день

Нейтральный день!

Пора избавиться от того, что мешает!

На убывающей Луне хорошо удаются обряды на избавление от чего-либо. Если вам досаждает поклонник, проведите такой ритуал.

Что нужно сделать

1. Смешайте чайную ложку соли и столько же растертого красного перца.
2. Зажгите свечу и трижды проговорите:
«Как зверь бежит от огня, беги и ты, (назвать имя), *от меня! Да будет так!»*
3. Смесь насыпьте на порог, и ненужный человек перестанет приходить в ваш дом.

Дополнительные ритуалы: см. 2 января, 31 января, 2–3 марта, 2 апреля, 1 мая, 31 мая, 30 июня, 29 июля, 27 августа, 25 октября, 23 ноября, 23 декабря.

26 сентября

воскресенье, 21-й лунный день

Нейтральный день!

Время решительных действий!

Гармонию в любовные отношения принесут талисманы фэншуй для усиления любви. Используйте их с уверенностью в успехе!

Что нужно сделать

1. Повесьте в гостиной картину, на которой изображена женщина, играющая на скрипке.
2. Благоприятным символом супружеского счастья станет картина, изображающая прекрасных китайских женщин в национальных одеждах из шелка, играющих на флейтах!

Дополнительные ритуалы: см. 3 января, 1 февраля, 4 марта, 3 апреля, 2 мая, 1 июня, 1 июля, 30 июля, 28 августа, 26 октября, 24 ноября, 24 декабря.

27 сентября

понедельник, 22-й лунный день

Нейтральный день!

В любом деле важен настрой!

Сегодня активизируется умственная работа. День прекрасно подходит для саморазвития, продвижения своей карьеры.

Что нужно сделать

Если у вас сейчас что-то не получается, произнесите молитву:

> *«Господи, дай мне душевный покой, чтобы принять то, что я не могу изменить, дай силы изменить то, что могу, и мудрость, чтобы отличить одно от другого».*

Дополнительные ритуалы: см. 4–5 января, 2–3 февраля, 5 марта, 4 апреля, 3 мая, 2 июня, 2 июля, 31 июля, 29 августа, 27 октября, 25 ноября, 25–26 декабря.

28 сентября

вторник, 23-й лунный день

Неблагоприятный день!

Терпение и уравновешенность!

Все события, которые происходят с нами в этот день, надо воспринимать спокойно. Особенно сегодня опасна месть. Двадцать третий день связан с очищением дома, внесением в дом священных предметов, талисманов.

Что нужно сделать

Дом можно почистить пламенем свечи, святой водой или окурить багульником, можжевельником, ладаном.

Хорошо положить на порог черный кремень — это тоже защита.

Дополнительные ритуалы: см. 6 января, 4 февраля, 6 марта, 5 апреля, 4 мая, 3 июня, 3 июля, 1 августа, 30 августа, 28 октября, 26 ноября, 27 декабря.

29 сентября

среда, 24-й лунный день

Благоприятный день!

Сегодня все получается!

В этот день успех на вашей стороне. Активизируйте благую энергию с помощью ритуала с водой.

Что нужно сделать

1. Выберитесь на природу, к любому водоему.
2. Зажгите голубую свечу, проговорите вслух свое желание и воском свечи прикрепите прядь своих волос к серебряной монетке.
3. Бросьте монетку в водоем, завяжите на ближайшем дереве голубую ленту и попросите водных духов исполнить ваше желание.

Дополнительные ритуалы: см. 7 января, 5 февраля, 7 марта, 6 апреля, 5 мая, 4 июня, 4 июля, 2–3 августа, 31 августа, 29–30 октября, 27–28 ноября, 28 декабря.

30 сентября

четверг, 25-й лунный день

Нейтральный день!

Пора подумать о завершении важных дел!

Заложите в подсознание нужные идеи и утверждения. Повторяйте аффирмации для обретения счастья.

Что нужно сделать

Произнесите 9 раз:

«Благодарю за чудо жизни! Я благодарю своих Небесных помощников за постоянную помощь и поддержку!»

Дополнительные ритуалы: см. 8 января, 6 февраля, 8 марта, 7 апреля, 6 мая, 5 июня, 5 июля, 4 августа, 1–2 сентября, 1 октября, 31 октября, 29 ноября, 29 декабря.

ОКТЯБРЬ

1 октября

пятница, 25-й лунный день

Нейтральный день!

Работа над собой дарит преображение!

Сегодня преобладает энергетика вчерашнего дня. Подводите итоги и расслабляйтесь.

Что нужно сделать

Расслабьтесь, произносите в течение дня несколько раз:

«Я пробуждаю свой внутренний источник бодрости, здоровья, оптимизма и вечной молодости!

Я становлюсь все привлекательней с каждым днем! Сила жизни вливается в меня! Мои энергетические ресурсы неисчерпаемы!»

Дополнительные ритуалы: см. 8 января, 6 февраля, 8 марта, 7 апреля, 6 мая, 5 июня, 5 июля, 4 августа, 1–2 сентября, 30 сентября, 31 октября, 29 ноября, 29 декабря.

2 октября

суббота, 26-й лунный день

Нейтральный день!

Самое время сделать передышку!

Постарайтесь сегодня не давать обещаний и не брать на себя лишней ответственности. Ваша энергия снизилась до минимума. Вам поможет упражнение «Сила настоящего».

Что нужно сделать

1. Сделайте пару дыхательных упражнений и расслабьтесь.
2. Скажите вслух, громко и отчетливо:
   «Я здесь и сейчас! Я замечательный человек! Я достойна любви и уважения! Я одобряю все свои действия!»

Дополнительные ритуалы: см. 9 января, 7 февраля, 9 марта, 8 апреля, 7 мая, 6 июня, 6 июля, 5 августа, 3 сентября, 1 ноября, 30 ноября, 30 декабря.

3 октября

воскресенье, 27-й лунный день

Нейтральный день!

Позвольте себе расслабиться!

Включите в свой рацион полезные продукты, например проростки пшеницы. Они богаты витамином E, знаменитым «сексуальным» витамином, а также остакозанолом, известным сперматогенным веществом.

Что нужно сделать

Проростки пшеницы повышают сексуальную активность. С чем бы вы их ни ели, они всегда действенны и эффективны. Проращивайте зерна пшеницы в домашних условиях (это очень легко) или приобретайте в специализированных магазинах.

Дополнительные ритуалы: см. 10 января, 8 февраля, 10 марта, 9 апреля, 8 мая, 7 июня, 6 августа, 4 сентября, 2 ноября, 1 декабря, 31 декабря.

4 октября

понедельник, 28-й лунный день

Благоприятный день!

Настрой только на позитивные мысли!

Помните, что Вселенная «считывает» любые ваши сомнения в собственной силе и удачливости. Поэтому самый верный путь к счастью — развить в себе правильные психологические установки.

Что нужно сделать

Вы родились на Земле для любви, радости и счастья! Помните об этом.

Осознайте, что вы достойны всех благ этого мира, что вы бесценны. И вы привлечете к себе энергии процветания, изобилия и успеха!

Дополнительные ритуалы: см. 11 января, 9 февраля, 11 марта, 10 апреля, 9 мая, 8 июня, 8 июля, 7 августа, 5 сентября, 3 ноября, 2 декабря.

5 октября

вторник, 29-й лунный день

Неблагоприятный день!

Пора ставить защиту от злых чар и колдовства!

День провоцирует неприятные ситуации. Оставайтесь на волне позитива, и тогда вам ничто не угрожает.

Что нужно сделать

Чтобы уберечь жилище от негативной энергии, разложите семена горчицы у входной двери и на подоконниках.

Дополнительные ритуалы: см. 12 января, 10 февраля, 12 марта, 11 апреля, 10 мая, 9 июня, 9 июля, 6 сентября, 4 ноября, 3 декабря.

6 октября

среда, 30–1-й лунные дни
Новолуние в 14:07

Нейтральный день!

Настал момент заложить основу процветания!

Чтобы завершить лунный месяц, проведите ритуал избавления от бед и огорчений. После новолуния составьте план дел на следующий лунный месяц.

Что нужно сделать

1. Зажгите свечу, представляя себе мощь Солнца в зените.
2. На листке бумаги символами изобразите все ваши беды и неудачи, от которых вы хотите избавиться.
3. Подожгите листок пламенем свечи, положите в блюдо.
4. Проговорите:
   «Это горе умрет в этом году, а я стану сильнее! Пусть будет так! Во имя Высшего блага!»

Дополнительные ритуалы: 11 февраля, 13 марта, 11 мая, 10 июня, 10 июля, 4 декабря.

7 октября

четверг, 2-й лунный день

Нейтральный день!

Все сегодняшние расходы окупаются!

Дарите подарки, оставляйте чаевые, помогите бедным, раздайте старые вещи. Попробуйте практику мысленной раздачи подарков, которая настроит ваших собеседников на позитивную волну.

Что нужно сделать

1. Глядя на собеседника, пошлите ему мысленные подарки в виде белых лимузинов, шоколадных конфет, роскошных цветов и т. п.
2. Делать это надо быстро и решительно, чтобы человек не успел отвести взгляд.

Дополнительные ритуалы: см. 12 февраля, 14 марта, 12 мая, 11 июня, 11 июля, 9 августа, 5 декабря.

8 октября

пятница, 3-й лунный день

Нейтральный день!

Вы стали на шаг ближе к мечте!

Тратьте сегодня энергию на реализацию своих планов, проявите всю свою фантазию и изобретательность. Проведите ритуал для избавления от ревности.

Что нужно сделать

1. Зажгите желтую свечу, напишите на листке свое желание, связанное с любимым человеком.
2. Сосредоточьтесь на своем желании.
3. Сожгите листок над пламенем свечи. Пепел развейте в окно.

Дополнительные ритуалы: см. 14 января, 13 февраля, 15 марта, 13 апреля, 13 мая, 12 июня, 12 июля, 10 августа, 8 сентября, 6 ноября, 6 декабря.

9 октября

суббота, 4-й лунный день

Нейтральный день!

Не переусердствуйте в достижении совершенства!

Сегодня благоприятно произнесение разных звуков, песен, мантр, молитв. Это генерирует особое состояние пространства. Пение звука «А» очищает ауру, снимает стрессы.

Что нужно сделать

1. Расслабьтесь, прикройте глаза.
2. Пойте долгий звук «А» 2–5 минут, сосредоточившись при этом на области сердца (четвертая чакра).
3. Почувствуйте, как вибрация нарастает в груди. Закончите упражнение.

Дополнительные ритуалы: см. 15 января, 14 февраля, 16 марта, 14 апреля, 14 мая, 13 июня, 13 июля, 11 августа, 9 сентября, 7 ноября, 7 декабря.

10 октября

воскресенье, 5-й лунный день

Нейтральный день!

В этот день активизируется интуиция!

Прислушайтесь к себе — вы знаете, как разрешить свои проблемы. Освободите место для новых счастливых энергий.

Что нужно сделать

1. Сделайте полную уборку дома.
2. Чаще мойте окна. Они являются символом чистого видения мира.
3. Вымойте пол под коврами, и все аспекты вашей жизни всегда будут у вас под контролем.

Дополнительные ритуалы: см. 16 января, 15 февраля, 17 марта, 15 апреля, 15 мая, 14 июня, 14 июля, 12 августа, 10 сентября, 8 ноября, 8 декабря.

11 октября

понедельник, 6-й лунный день

Благоприятный день!

Самое лучшее время для работы со своим сознанием!

Отдыхайте и прочитайте аффирмации на привлечение и сохранение любви.

Что нужно сделать

Отбросьте все посторонние мысли и произнесите:

«Я безоговорочно люблю и одобряю себя. Я принимаю свою сексуальную привлекательность. Я всегда наслаждаюсь жизнью! Я творю радость и счастье — сегодня и всегда!»

Дополнительные ритуалы: см. 17 января, 16 февраля, 18 марта, 16 апреля, 16 мая, 15 июня, 15 июля, 13 августа, 11 сентября, 9 ноября, 9 декабря.

12 октября

вторник, 7-й лунный день

Благоприятный день!

Не стоит поддаваться депрессии!

Сегодня вам поможет медитация на звуке. Музыка — очень мощный инструмент для усиления энергии. Вы можете читать, петь или слушать мантры.

Что нужно сделать

Очень полезно для очищения дома поставить диск со звуком:

«Омм. Омм. Омм».

В момент, когда вам страшно, тяжело или неприятно — говорите:

«Хумм, хумм, хумм».

Дополнительные ритуалы: см. 18 января, 17 февраля, 19 марта, 17 апреля, 17 мая, 16 июня, 16 июля, 14 августа, 12 сентября, 10 ноября, 10 декабря.

13 октября

среда, 8-й лунный день

Нейтральный день!

Пора простить старые обиды!

Выполните действия, которые покажут Вселенной, что вы стремитесь к успеху и считаете себя достойной самого лучшего!

Что нужно сделать

Достаньте свои лучшие чашки, и пусть ваш день начнется с элемента красоты и роскоши, пусть даже это будет просто чашка. Даже такая мелочь не останется незамеченной вашим подсознанием и найдет свое благоприятное отражение в жизни.

Дополнительные ритуалы: см. 19 января, 18 февраля, 20 марта, 18 апреля, 18 мая, 17 июня, 17 июля, 15 августа, 13 сентября, 11 ноября, 11 декабря.

14 октября

четверг, 9-й лунный день

Неблагоприятный день!

Важные решения — обречены на провал!

В этот день лучше заняться повседневными делами. Посвятите время уходу за телом и духовным практикам. Помним, что в это время коже необходимо питание.

Что нужно сделать

1. Разотрите 2 ст. л. творога с сырым яичным желтком.
2. Нанесите на лицо и шею, оставьте на 20 минут.
3. Смывайте сначала прохладной водой, затем теплой.

Дополнительные ритуалы: см. 20 января, 19 февраля, 21 марта, 19 апреля, 19 мая, 18 июня, 18 июля, 16 августа, 14 сентября, 12 ноября, 12 декабря.

15 октября

пятница, 10-й лунный день

Нейтральный день!

Отдыхайте активно!

Сегодня хорошо начинать давно задуманные дела, особенно если они касаются семейного бизнеса.

Что нужно сделать

1. Нарисуйте свое генеалогическое дерево. В идеальном варианте у него должно быть не менее 126 окошек.
2. Используйте его при медитации, начиная с родителей и родни по мужской линии, прикрывая нужного родственника ладонью.
3. После медитации поблагодарите любого своего предка.

Дополнительные ритуалы: см. 21 января, 20 февраля, 22 марта, 20 апреля, 20 мая, 19 июня, 19 июля, 17 августа, 15 сентября, 13 ноября, 13 декабря.

16 октября

суббота, 11-й лунный день

Нейтральный день!

Вас переполняет творческая энергия.

Лучше выполнять краткосрочные дела, которые можно быстро довести до конца. Чтобы сохранить эту энергию, воспользуйтесь практикой фэншуй.

Что нужно сделать

Если на юго-западе вашего дома находится ванная и/или туалет, это приводит к оттоку энергии из зоны богатства и вы теряете деньги. Повесьте на двери этих помещений зеркало, и они как будто «исчезнут».

Дополнительные ритуалы: см. 22 января, 21 февраля, 23 марта, 21 апреля, 21 мая, 20 июня, 20 июля, 18 августа, 16 сентября, 14 ноября, 14 декабря.

17 октября

воскресенье, 12-й лунный день

Благоприятный день!

Радость жизни!

Сегодня неблагоприятно жалеть себя, гневаться, ругаться, жаловаться и плакать: можете остаться в этом состоянии надолго. Для сохранения позитивного настроя проведите медитацию «Солнце».

Что нужно сделать

1. Расслабьтесь, закройте глаза.
2. Представьте, что вы большое, круглое, жизнерадостное солнце. Каждая клеточка вашего тела наполняется теплом и радостью. Вы дарите свои лучи цветам и растениям, и все к вам тянется и расцветает. Все плохие мысли и комплексы сгорают. Вы уверены в себе и позитивны.
3. Запомните свои ощущения и выходите из медитации.

Дополнительные ритуалы: см. 23 января, 22 февраля, 24 марта, 22 апреля, 22 мая, 21 июня, 21 июля, 19 августа, 17 сентября, 15 ноября, 15 декабря.

18 октября

понедельник, 13-й лунный день

Нейтральный день!

Красота и уверенность!

Внешняя красота очень важна для женщины. С сегодняшнего дня мы начнем любить себя и ухаживать за свои телом, лицом, волосами. Сделайте свежевыжатый морковный сок.

Что нужно сделать

Для лучшей усвояемости морковного сока добавьте в него несколько капель растительного масла. Идеально сочетание 100 г морковного сока с 1 ст. л. сока петрушки. Оптимальная порция — 100 г в день, то есть меньше половины стакана.

Дополнительные ритуалы: см. 24 января, 23 февраля, 25 марта, 23 апреля, 23 мая, 22 июня, 22 июля, 20 августа, 18 сентября, 16 ноября, 16 декабря.

19 октября

вторник, 14-й лунный день

Нейтральный день!

Пора наполнить дом радостью!

Сегодня хорошо подводить итоги. Повысить настроение и избавить дом от негатива поможет травяной талисман.

Что нужно сделать

1. Сшейте, купите небольшой синий мешочек.
2. Положите в него подсолнечник (нежареные семечки).
3. Проговорите над талисманом:
   «Как солнышко радует, согревает, так и подсолнечник негатив в дом не пускает!»
4. Спрячьте талисман дома подальше от посторонних глаз.

Дополнительные ритуалы: см. 25 января, 24 февраля, 26 марта, 24 апреля, 24 мая, 23 июня, 23 июля, 21 августа, 19 сентября, 17 ноября, 17 декабря.

20 октября

среда, 15-й лунный день
Полнолуние в 17:58

Неблагоприятный день!

Сегодня не стоит рисковать!

В этот день после полнолуния есть возможность улучшить отношения с людьми, которые создают в вашей жизни напряжение и негатив. В этом вам поможет особый ритуал — молитва за врага.

Что нужно сделать

1. Зажгите церковную свечу, положите перед собой 16 спичек в два ряда по 8 штук.
2. Читайте 64 раза подряд, не считая, а отодвигая по одной спичке:
   «Спаси, Господи, Рабу свою (имя обидчика), *и ее молитвами помилуй меня, грешную. Аминь!»*

Каждую спичку вы должны передвинуть 4 раза. В общем количестве получится 64 раза.

Читайте молитву как можно чаще на убывающей Луне.

Дополнительные ритуалы: см. 26 января, 25 февраля, 27 марта, 25 апреля, 25 мая, 24 июня, 24 июля, 22 августа, 20 сентября, 18 ноября, 18 декабря.

21 октября

четверг, 16-й лунный день

Нейтральный день!

Сохраняйте равновесие!

Если сегодня вы преодолеете все низшие инстинкты — злобу, зависть, праздное любопытство, мстительность, то обретете мудрость и спокойствие. В путешествии вас защитит медный талисман.

Что нужно сделать

1. Возьмите медную цепочку, кулон или колечко. Зажмите изделие из меди между ладонями, повернув сомкнутыми большими пальцами к себе. Проговорите 3 раза: *«Дорога длинная, ухабистая, распрямись, укоротись!»*

2. Дуньте сверху на ладони 4 раза.
3. Положите талисман в кошелек или портмоне.

Дополнительные ритуалы: см. 27 января, 26 февраля, 28 марта, 26–27 апреля, 26 мая, 25–26 июня, 25 июля, 23 августа, 21 сентября, 19 ноября, 19 декабря.

22 октября

пятница, 17-й лунный день

Нейтральный день!

Удача любит привлекательных!

Первый принцип работы со своей внешностью состоит в привлечении внимания к достоинствам, второй — к отвлечению внимания от недостатков.

Что нужно сделать

Помимо широких декольте красивую форму груди можно подчеркнуть с помощью украшений. Если вы не хотите, чтобы на ваш бюст обращали внимание, исключите одежду с нагрудными карманами, клапанами или броскими пуговицами.

Придать объем маленькой груди можно с помощью драпировки, горизонтальных полос на блузе, складками.

Дополнительные ритуалы: см. 28 января, 27 февраля, 29 марта, 28 апреля, 27–28 мая, 27 июня, 26 июля, 24 августа, 22 сентября, 20 ноября, 20 декабря.

23 октября

суббота, 18-й лунный день

Нейтральный день!

Радость в творчестве!

Не стоит сегодня огорчаться по пустякам. Гармония и душевное равновесие притянут изобилие и успех. Прочтите мантру, снижающую напряжение.

Что нужно сделать

Примите удобное положение, расслабьтесь.

Произнесите 9, 18 ... 108 раз:

«ГАТЭ ГАТЭ ПОРО ГАТЭ ПОРО СОМ ГАТЭ БОДХИ СВАХА».

Дополнительные ритуалы: см. 29 января, 28 февраля, 30–31 марта, 29 апреля, 29 мая, 28 июня, 27 июля, 25 августа, 23 сентября, 21 ноября, 21 декабря.

24 октября

воскресенье, 19-й лунный день

Неблагоприятный день!

Время преобразовать негатив в позитив!

В этот день полезно заняться любимыми делами. Прочитайте жизнеутверждающие аффирмации.

Что нужно сделать

1. Расслабьтесь.
2. Произнесите:
   «Сейчас рождается радость, рождается удача, рождается успех! Мне сопутствует успех во всех начинаниях. Я становлюсь ярким примером процветания и успеха!»

Дополнительные ритуалы: см. 1 января, 30 января, 1 марта, 1 апреля, 30 апреля, 30 мая, 29 июня, 28 июля, 26 августа, 24 сентября, 22 ноября, 22 декабря.

25 октября

понедельник, 20-й лунный день

Нейтральный день!

Перемены принесут благо!

В этот день легко совершить какой-то поступок и подняться на более высокую ступень в своем развитии. Сегодня благоприятно произнести заговор на освобождение от ограничений.

Что нужно сделать

1. Положите чайную ложку соли в стакан с водой и, помешивая, произнесите 3 раза:
   «Как соль крепка, но воде подвластна, так и преграды все преодолимы силой моего желания!»
2. Вылейте воду в раковину и ложитесь спать.

Дополнительные ритуалы: см. 2 января, 31 января, 2–3 марта, 2 апреля, 1 мая, 31 мая, 30 июня, 29 июля, 27 августа, 25 сентября, 23 ноября, 23 декабря.

26 октября

вторник, 21-й лунный день

Нейтральный день!

Пора противостоять хамству!

Сегодня важно настойчиво и активно воплощать свои идеи в жизнь. Не всем это может понравиться, и реакция может быть разной. Если на вас кричит или оскорбляет собеседник, защитите себя от негатива.

Что нужно сделать

В процессе выяснения отношений стараясь сохранить самообладание, мысленно (но можно и вслух) произнесите:

«Дым в глаза, перец в нос, горчицу под язык».

Дополнительные ритуалы: см. 3 января, 1 февраля, 4 марта, 3 апреля, 2 мая, 1 июня, 1 июля, 30 июля, 28 августа, 26 сентября, 24 ноября, 24 декабря.

27 октября

среда, 22-й лунный день

Нейтральный день!

Вы открыты для новой информации!

Чтобы в этот день к вам притягивалась только позитивная информация, используйте талисман фэншуй — музыку ветра.

Что нужно сделать

Для любовных целей подходит музыка ветра, трубочки которой выполнены из розового металла и украшены красными сердечками.

Как только вы повесите музыку ветра в югозападный сектор вашего дома, будьте уверены — энергия любви активизируется для вас.

Дополнительные ритуалы: см. 4–5 января, 2–3 февраля, 5 марта, 4 апреля, 3 мая, 2 июня, 2 июля, 31 июля, 29 августа, 27 сентября, 25 ноября, 25–26 декабря.

28 октября

четверг, 23-й лунный день

Неблагоприятный день!

Внимание, возможны провокации!

Энергии дня при правильном использовании позволяют сдвинуть с мертвой точки любое, даже безнадежное дело. Направьте их на исполнение своего желания.

Что нужно сделать

1. Возьмите 3 лавровых листика.
2. Аккуратно сжимая их между ладонями, скажите: *«Как благородный лавр ароматом славится, так и мое желание сбудется, удача появится!»*
3. Спрячьте заговоренные листья в доме до исполнения своего желания, потом обязательно используйте по назначению.

Дополнительные ритуалы: см. 6 января, 4 февраля, 6 марта, 5 апреля, 4 мая, 3 июня, 3 июля, 1 августа, 30 августа, 28 сентября, 26 ноября, 27 декабря.

29 октября

пятница, 24-й лунный день

Благоприятный день!

Здоровый образ жизни должен войти в привычку!

Удача всегда сопутствует людям, которые заботятся о своем здоровье. Здесь срабатывает закон Вселенной — подобное притягивается к подобному.

Что нужно сделать

1. Если пока нет средств на регулярное посещение фитнес-клуба, то есть бесплатные видеоуроки в интернете.
2. Нет возможности заниматься физкультурой дома, наверняка неподалеку есть парк, стадион школы или просто сквер, где по утрам удобно выполнять физические упражнения, накапливая исцеляющую жизненную энергию.

Дополнительные ритуалы: см. 7 января, 5 февраля, 7 марта, 6 апреля, 5 мая, 4 июня, 4 июля, 2–3 августа, 31 августа, 29 сентября, 30 октября, 27–28 ноября, 28 декабря.

30 октября

суббота, 24-й лунный день

Благоприятный день!

Благоприятное время для начала долгосрочных проектов!

Сегодня продолжается действие вчерашнего дня. Разбудить энергию в теле и укрепить мышцы спины и живота вам поможет поза лука, которая пришла из хатха-йоги.

Что нужно сделать

1. Лягте на живот, ноги вместе.
2. Возьмитесь обеими руками за лодыжки и потяните их на себя. Туловище прогните, голову запрокиньте назад.
3. Оставайтесь в позе несколько секунд. Можно покачаться вперед-назад, подобно игрушечной лошадке.

Поза противопоказана при беременности.

Дополнительные ритуалы: см. 7 января, 5 февраля, 7 марта, 6 апреля, 5 мая, 4 июня, 4 июля, 2–3 августа, 31 августа, 29 сентября, 30 октября, 27–28 ноября, 28 декабря.

31 октября

воскресенье, 25-й лунный день

Нейтральный день!

Пора позаботиться о членах семьи!

Сегодня в вашей поддержке нуждаются близкие. Защитить семью от кризиса поможет мудра (рис. 23).

Что нужно сделать

Выполните мудру 2 раза в день, утром и вечером по 5 минут, сконцентрировавшись при этом на взаимоотношениях, царящих в вашей семье.

Дополнительные ритуалы: см. 8 января, 6 февраля, 8 марта, 7 апреля, 6 мая, 5 июня, 5 июля, 4 августа, 1–2 сентября, 30 сентября, 1 октября, 29 ноября, 29 декабря.

Рис. 23. Мудра, помогающая наладить отношения в семье

НОЯБРЬ

1 ноября

понедельник, 26-й лунный день

Нейтральный день!

Новые дела подождут!

Не планируйте ничего важного. Накопить энергию для будущих дел вам поможет правильное питание и особо ценные продукты. Включите в свой рацион имбирь.

Что нужно сделать

1. Возьмите 1 ч. л. тертого корня имбиря, 1 ч. л. черного чая и залейте стаканом кипятка. Дайте немного настояться.
2. Разлейте по чашкам, можно разбавить кипятком, и добавьте по 1 ч. л. меда.
3. Наслаждайтесь легендарным напитком, восстанавливающим силы.

Дополнительные ритуалы: см. 9 января, 7 февраля, 9 марта, 8 апреля, 7 мая, 6 июня, 6 июля, 5 августа, 3 сентября, 2 октября, 30 ноября, 30 декабря.

2 ноября

вторник, 27-й лунный день

Нейтральный день!

Пора избавиться от неприятных воспоминаний!

Часто прошлые неудачи не перестают нас преследовать еще долгое время. Особенно они опасны, когда намечается новое важное дело. Избавиться от страха неудачи поможет ритуал.

Что нужно сделать

1. Перед выходом из дома возьмите левой рукой щепотку перца (можно горошком).
2. Проговорите над ним:
   «Перец всем бедам путь запирает, неудачу стирает!»
3. На ближайшем перекрестке незаметно избавьтесь от перца и идите до места встречи, ни с кем не разговаривая.

Дополнительные ритуалы: см. 10 января, 8 февраля, 10 марта, 9 апреля, 8 мая, 7 июня, 6 августа, 4 сентября, 3 октября, 1 декабря, 31 декабря.

3 ноября

среда, 28-й лунный день

Благоприятный день!

Позитив поможет притянуть любовь!

Призовите на помощь эффективный талисман фэншуй. Если вы хотите быть вместе с любимыми, приобретите морскую раковину — символ любовной удачи.

Что нужно сделать

Этот талисман фэншуй особенно важен для тех любящих людей, которые по каким-либо причинам живут раздельно, но очень хотели бы быть вместе. Поместите морскую раковину в юго-западном углу вашей спальни.

Дополнительные ритуалы: см. 11 января, 9 февраля, 11 марта, 10 апреля, 9 мая, 8 июня, 8 июля, 7 августа, 5 сентября, 4 октября, 2 декабря,

4 ноября

четверг, 29-й лунный день

Неблагоприятный день!

Не время поддаваться унынию!

Сегодня активизируются темные силы, но день хорош для борьбы со злом. Именно в 29-е лунные сутки создается наиболее сильная защита от сатанизма. От одиночества и черной тоски поможет ритуал.

Что нужно сделать

1. На листе бумаги нарисуйте крест, внутри этого креста напишите слова заговора:
   «Крест — крестом крест. Человек родился — крест водрузился, и сатана связася. Бог прославися во имя Отца и Сына и Святого Духа. И ныне и присно и во веки веков. Аминь».
2. Бумагу сверните в трубочку, проденьте сквозь нее нитку и носите, не снимая, на груди.

Дополнительные ритуалы: см. 12 января, 10 февраля, 12 марта, 11 апреля, 10 мая, 9 июня, 9 июля, 6 сентября, 5 октября, 3 декабря.

5 ноября

пятница, 1–2-й лунные дни
Новолуние в 00:16

Нейтральный день!

Лучший день для осмысления желаний!

Пригласите на ужин заинтересовавшего вас мужчину. Угостите его вкусным блюдом эротической кухни.

Что нужно сделать

Апельсин очистите от кожуры и разделите на дольки. Корень сельдерея очистите, а затем натрите на крупной терке. Смешайте сельдерей с апельсином, сбрызните лимонным соком, заправьте 3 ст. л. сметаны. Тщательно перемешайте, добавьте соль и сахар по вкусу. Подавать с улыбкой!

Дополнительные ритуалы: см. 13 января, 12 апреля, 7 сентября.

6 ноября

суббота, 3-й лунный день

Нейтральный день!

Пора действовать!

Призовите на помощь знания фэншуй! Выполните действия, привлекающие благую энергию изобилия.

Что нужно сделать

1. Если вы хотели бы улучшить свое благосостояние, у вас есть шанс приобщиться к благотворной энергии изобилия.
2. Попросите у преуспевающих людей, живущих в частном доме, немного земли с их участка. Землю нельзя брать тайком!
3. Перенесите землю на свой участок или в цветочный горшок и произнесите:
   «Деньги притягиваются ко мне, как магнитом!»

Дополнительные ритуалы: см. 14 января, 13 февраля, 15 марта, 13 апреля, 13 мая, 12 июня, 12 июля, 10 августа, 8 сентября, 8 октября, 6 декабря.

7 ноября

воскресенье, 4-й лунный день

Нейтральный день!

Будьте всегда на позитиве!

День удачен для просьб о помощи. Вас выручат деньгами. Используйте мантру бога Кубере для привлечения богатства.

Что нужно сделать

1. Вам нужно мысленно дать обещание помогать тем, кто в этом очень сильно нуждается, не ожидая ничего взамен.
2. Теперь прочитайте мантру 108 раз:
   «ОМ ЯКШЬЯЯ КУБЕРАЯ ВАЙШРАВА ДХАНА ДХАНЬЯДИ ДХАНА СВАХА».

Дополнительные ритуалы: см. 15 января, 14 февраля, 16 марта, 14 апреля, 14 мая, 13 июня, 13 июля, 11 августа, 9 сентября, 9 октября, 7 декабря.

8 ноября

понедельник, 5-й лунный день

Нейтральный день!

Интуиция поможет решить сложные вопросы!

В этот день активизируется энергия Провидения. Призовите на помощь талисманы фэншуй!

Что нужно сделать

Поместите в юго-западный сектор дома парную статуэтку — фигурки мужчины и женщины. Это очень сильный талисман любви.

Дополнительные ритуалы: см. 16 января, 15 февраля, 17 марта, 15 апреля, 15 мая, 14 июня, 14 июля, 12 августа, 10 сентября, 10 октября, 8 декабря.

9 ноября

вторник, 6-й лунный день

Благоприятный день!

Наполните ваш дом радостью!

Сегодня благоприятно что-то изменить в жизни, окружении. Для активизации романтических отношений обратитесь к талисманам фэншуй.

Что нужно сделать

Украсьте порхающими бабочками стены спальни. Бабочек нужно располагать парами или стайками, как будто они влетели в комнату через дверь или из окна и кружат вокруг кровати или на потолке.

Дополнительные ритуалы: см. 17 января, 16 февраля, 18 марта, 16 апреля, 16 мая, 15 июня, 15 июля, 13 августа, 11 сентября, 11 октября, 9 декабря.

10 ноября

среда, 7-й лунный день

Благоприятный день!

Удача притягивается к позитивным людям!

В этот день нужно быть осторожным в поступках и словах. Благоприятно читать аффирмации.

Что нужно сделать

Проговорите:

«Я выбираю здоровье, изобилие и счастье! Я люблю себя, свое прекрасное тело, я люблю жизнь!»

Дополнительные ритуалы: см. 18 января, 17 февраля, 19 марта, 17 апреля, 17 мая, 16 июня, 16 июля, 14 августа, 12 сентября, 12 октября, 10 декабря.

11 ноября

четверг, 8-й лунный день

Нейтральный день!

Время прощать и отпускать обиды!

Энергии дня благоприятствуют физическому, психическому и духовному очищению. Освободить сознание от навязчивых мыслей поможет упражнение.

Что нужно сделать

1. Закройте глаза и полностью обратитесь в слух.
2. Фиксируйте все, что слышите, и рисуйте в воображении цветную карту звуков. Почувствуйте цвет того, что слышите.
3. Через 10 минут откройте глаза и постарайтесь заново прогнать «звуковые» картинки. Именно в этот момент может прийти решение мучавшей вас проблемы.

Дополнительные ритуалы: см. 19 января, 18 февраля, 20 марта, 18 апреля, 18 мая, 17 июня, 17 июля, 15 августа, 13 сентября, 13 октября, 11 декабря.

12 ноября

пятница, 9-й лунный день

Неблагоприятный день!

Подарок может нести негативную энергию!

Если вам сделали подарок и вы сомневаетесь в его искренности и добрых намерениях человека, лучше защитите себя от негативной энергии с помощью ритуала.

Что нужно сделать

1. Зажгите свечу желтого цвета и водите ей вокруг подарка.
2. Проговорите 3 раза:
   «Как силы великие на земле властвуют да в делах участвуют, так пусть и мне они помогают, зло от подарка убирают! Аминь!»

Дополнительные ритуалы: см. 20 января, 19 февраля, 21 марта, 19 апреля, 19 мая, 18 июня, 18 июля, 16 августа, 14 сентября, 14 октября, 12 декабря.

13 ноября

суббота, 10-й лунный день

Нейтральный день!

Настала пора для активных действий!

Сегодня вы готовы горы свернуть! Сегодня обратите внимание на ваше тело — волшебный подарок природы.

Что нужно сделать

Отнеситесь к своему прекрасному телу с любовью. Это самый волшебный подарок, который сделала вам Матушка-Природа!

Скажите прямо сейчас:
«Я люблю и берегу свое прекрасное тело! Каждая клеточка моего любимого тела излучает радость!»

Дополнительные ритуалы: см. 21 января, 20 февраля, 22 марта, 20 апреля, 20 мая, 19 июня, 19 июля, 17 августа, 15 сентября, 15 октября, 13 декабря.

14 ноября

воскресенье, 11-й лунный день

Нейтральный день!

Проявите осторожность!

Сегодня есть вероятность стать жертвой обмана или получить недостоверную информацию. Чтобы обезопасить себя, воспользуйтесь талисманом Глаз Фатимы (рис. 24).

Что нужно сделать

Приобретая талисман, не забывайте:

1. Глаз Фатимы нужно носить на видном месте.
2. Если талисман покрылся трещинами или раскололся, значит, хозяин подвергся сильному энергетическому удару.
3. Если Глаз Фатимы потемнел, значит, впитал в себя много негативной энергии.
4. От потемневшего или испорченного талисмана нужно избавиться.
5. Потеря оберега свидетельствует о том, что он выполнил свою миссию.

Дополнительные ритуалы: см. 22 января, 21 февраля, 23 марта, 21 апреля, 21 мая, 20 июня, 20 июля, 18 августа, 16 сентября, 16 октября, 14 декабря.

Рис. 24. Глаз Фатимы

15 ноября

понедельник, 12-й лунный день

Благоприятный день!

Самое время порадоваться жизни!

Сегодня мудрость берет верх над разумом и чувствами. Избавиться от раздражения поможет духовная практика «Луч».

Что нужно сделать

1. Уединитесь, сядьте в позу полулотоса.
2. Постарайтесь полностью очистить свой разум от мыслей, для этого мысленно считайте до ста, сконцентрировавшись на своем дыхании.
3. Представьте и почувствуйте, как в районе макушки в вас проникает фиолетовый луч, проходит по позвоночнику и уходит в пол в области копчика. Этот луч уносит из вашего организма все темное, негативное.
4. Когда вы ощутите легкость в теле, можно закончить упражнение.

Дополнительные ритуалы: см. 23 января, 22 февраля, 24 марта, 22 апреля, 22 мая, 21 июня, 21 июля, 19 августа, 17 сентября, 17 октября, 15 декабря.

16 ноября

вторник, 13-й лунный день

Нейтральный день!

Пора избавиться от груза прошлого!

Вам в этом помогут аффирмации для обретения счастливой любви.

Что нужно сделать

Повторяйте аффирмации:

«Я открываюсь Божественному источнику Любви и Счастья! Я доверяю жизни! Я люблю свое тело и наслаждаюсь своей сексуальностью! Я — центр внимания, центр обожания и восхищения людей!»

Дополнительные ритуалы: см. 24 января, 23 февраля, 25 марта, 23 апреля, 23 мая, 22 июня, 22 июля, 20 августа, 18 сентября, 18 октября, 16 декабря.

17 ноября

среда, 14-й лунный день

Нейтральный день!

Работа приносит радость!

День подходит для карьерных достижений. Будьте активны и предприимчивы. Научитесь распределять свое время.

Что нужно сделать

1. Запишите все сферы, которые вы сегодня хотите охватить. Постарайтесь охватить не только работу. Включите в свой список здоровье, семью, любовь, уход за собой и т. д.
2. Теперь распределите 12 часов так, чтобы хватило на все сферы. Не забудьте отвести время на отдых.

Дополнительные ритуалы: см. 25 января, 24 февраля, 26 марта, 24 апреля, 24 мая, 23 июня, 23 июля, 21 августа, 19 сентября, 19 октября, 17 декабря.

18 ноября

четверг, 15-й лунный день

Неблагоприятный день!

Энергетика дня очень неблагоприятна!

Посвятите день отдыху, медитации и молитве. Сегодня прочитайте заговор на удачу.

Что нужно сделать

Перед выходом из дома проговорите:

«За тридевять морей, за тридевять земель, из-за синего моря прилетел петушок, склевывает рабе Божьей (назвать имя) *всякие призорища, оговорища, всякие бесинские, материнские думы. До веку и по веку. Аминь».*

Дополнительные ритуалы: см. 26 января, 25 февраля, 27 марта, 25 апреля, 25 мая, 24 июня, 24 июля, 22 августа, 20 сентября, 20 октября, 18 декабря.

19 ноября

пятница, 16-й лунный день
Затмение в 11:59
Полнолуние в 12:04

Неблагоприятный день!

Сегодня благоприятно пребывание на природе!

День прекрасно подходит для удаления всех вредных веществ из организма, а также для избавления от различных дефектов кожи, например огрубевших участков кожи на локтях и коленях.

Что нужно сделать

1. Возьмите 1 ст. л. поваренной соли, добавьте 1 ч. л. лимонного сока и хорошо перемешайте.
2. Сделайте с полученной смесью компресс на огрубевшую кожу.
3. Оставьте его на 15–20 минут, затем снимите.
4. Проблемные места смажьте жирным кремом.

Дополнительные ритуалы: см. 27 января, 26 февраля, 28 марта, 26–27 апреля, 26 мая, 25–26 июня, 25 июля, 23 августа, 21 сентября, 21 октября, 19 декабря.

20 ноября

суббота, 17-й лунный день

Нейтральный день!

Не стройте долгосрочных планов и не давайте обещаний!

Сегодня, несмотря на влияние полнолуния, день отличается обострением внутренней свободы. Будьте готовы к откровениям и просветлению. Пригласите вечером друзей на кофе «Согласие».

Что нужно сделать

1. Возьмите посуду, в которой планируете варить кофе, положите сахар, в расчете 1 чайная ложка на двух гостей, и молочный шоколад, примерно 10 г на человека. Поставьте на огонь до получения шоколадной карамели.
2. Затем всыпьте молотый кофе, в расчете 1 чайная ложка на присутствующего. Залейте смесь нужным количеством холодной воды (1 чашка на гостя). Держите кофе на медленном огне. Когда кофейная пена поднимется, снимите с огня, разлейте по чашечкам и угостите друзей.

Дополнительные ритуалы: см. 28 января, 27 февраля, 29 марта, 28 апреля, 27–28 мая, 27 июня, 26 июля, 24 августа, 22 сентября, 22 октября, 20 декабря.

21 ноября

воскресенье, 18-й лунный день

Нейтральный день!

Благоразумие и сдержанность!

Лучше всего заняться обычными домашними делами. Сегодня вам поможет обращение к Божественным силам.

Что нужно сделать

Перед выходом на улицу не забывайте посмотреть на себя в зеркало и сказать громко и искренне:

«Я великолепна, у меня все прекрасно, и я нахожусь под защитой Божественных сил!»

Дополнительные ритуалы: см. 29 января, 28 февраля, 30–31 марта, 29 апреля, 29 мая, 28 июня, 27 июля, 25 августа, 23 сентября, 23 октября, 21 декабря.

22 ноября

понедельник, 19-й лунный день

Неблагоприятный день!

Опасный день — не планируйте важные дела!

Попросите зеркало помочь вам в исполнении ваших желаний. Работа с зеркалом является одним из краеугольных камней работы со своим подсознанием.

Что нужно сделать

Когда вы подходите к зеркалу, дружески улыбайтесь своему отражению.

Если вам что-то нужно, подойдите к зеркалу и просто попросите! И вы все получите! Для этого надо, смотрясь в зеркало, глядя себе в глаза, сказать:

«Любимая моя, я обещаю сделать все для твоего счастья».

Дополнительные ритуалы: см. 1 января, 30 января, 1 марта, 1 апреля, 30 апреля, 30 мая, 29 июня, 28 июля, 26 августа, 24 сентября, 24 октября, 22 декабря.

23 ноября

вторник, 20-й лунный день

Нейтральный день!

Пора проявить инициативу!

День удачен для любых активных действий, связанных с финансами. Если в последнее время вам не везет в денежных вопросах, проведите специальный ритуал.

Что нужно сделать

1. Разменяйте рубль по десять копеек.
2. Выйдите на перекресток дорог, скажите 3 раза:
3. «Берете деньги, берите и заботы».
4. Оставьте мелочь и уходите не оглядываясь.

Дополнительные ритуалы: см. 2 января, 31 января, 2–3 марта, 2 апреля, 1 мая, 31 мая, 30 июня, 29 июля, 27 августа, 25 сентября, 25 октября, 23 декабря.

24 ноября

среда, 21-й лунный день

Нейтральный день!

Решительность изменит жизнь к лучшему!

Сегодня начните меняться. Приложите усилия, и вы получите то, чего вам так не хватает.

Что нужно сделать

1. Определите, каких качеств вам не хватает. Например, вы деловая женщина и вам нужны мягкость и женственность. Или наоборот, вы слишком податливы и не умеете добиться своего.
2. Подумайте, какой предмет одежды или аксессуар символизирует для вас эти качества. Строгая сумочка — символ деловой женщины, платье в цветочек — нежной и женственной и т. д. Сегодня «купите» себе это недостающее качество. «Носите» нужное качество почаще.

Дополнительные ритуалы: см. 3 января, 1 февраля, 4 марта, 3 апреля, 2 мая, 1 июня, 1 июля, 30 июля, 28 августа, 26 сентября, 26 октября, 24 декабря.

25 ноября

четверг, 22-й лунный день

Нейтральный день!

Сегодня вы открыты для новых знаний!

Ваше тело согласно стать самым прекрасным! Поддержите его в благом начинании — сделайте ему приятный и полезный подарок. Купите эфирные масла, которые помогут приумножить вашу красоту.

Что нужно сделать

- Отбелить кожу помогут масла лимона и грейпфрута.
- С выпадением волос, перхотью справятся репейник, ладан, розмарин.
- Чтобы кожа не шелушилась, купите масло виноградной косточки, розы, ромашки, сандала, жасмина, апельсина, иланг-иланг.

Дополнительные ритуалы: см. 4–5 января, 2–3 февраля, 5 марта, 4 апреля, 3 мая, 2 июня, 2 июля, 31 июля, 29 августа, 27 сентября, 27 октября, 25–26 декабря.

26 ноября

пятница, 23-й лунный день

Неблагоприятный день!

Дурное настроение — плохой советчик!

Сегодня наша энергетика ослабевает, и потребность «вампиров» в энергии возрастает. Раздражаясь и злясь, вы отдаете им часть своей энергии.

Что нужно сделать

Как только человек начинает выводить вас из себя, мысленно доведите ситуацию до абсурда и начните его благодарить и одаривать чем-либо. Например, вас обругал начальник, а вы мысленно произнесите:

«Благодарю тебя, уважаемый, за предупреждение о том, что отныне я вообще могу остаться без работы и закончить свою жизнь у помойки. Дарю тебе душевное равно-

весие, любовь и покой в виде бессловесных подчиненных, золотого унитаза... и т. п.».

Вы можете подарить все, что угодно, начиная с торта и заканчивая Вселенной.

Дополнительные ритуалы: см. 6 января, 4 февраля, 6 марта, 5 апреля, 4 мая, 3 июня, 3 июля, 1 августа, 30 августа, 28 сентября, 28 октября, 27 декабря.

27 ноября

суббота, 24-й лунный день

Благоприятный день!

Время для активных действий!

В этот день даже из тех проблем, которые долго казались неразрешимыми, вдруг находится оригинальный выход. Благоприятно в этот день посетить парную и попариться.

Что нужно сделать

Правильно выберите веник, который вы будете использовать в парилке.

- Дубовый веник помогает очистить кожу, снизить давление, нормализовать кровообращение.
- Березовый веник избавляет от мышечных и суставных болей, борется с воспалением кожи, улучшает дыхание.
- Липовый веник помогает в борьбе с простудными заболеваниями, благотворно влияет на нервную систему.
- Веник из крапивы избавляет от усталости, а также от радикулита, подагры, ревматизма, очищает кожу.

Дополнительные ритуалы: см. 7 января, 5 февраля, 7 марта, 6 апреля, 5 мая, 4 июня, 4 июля, 2–3 августа, 31 августа, 29 сентября, 29–30 октября, 28 ноября, 28 декабря.

28 ноября

воскресенье, 24-й лунный день

Благоприятный день!

Снижение темпа не приветствуется!

Сегодня продолжают оказывать влияние энергии вчерашнего дня. Постарайтесь весь день быть на виду. Выберите оздоравливающий веник и попарьтесь.

Что нужно сделать

- Хвойный веник обладает общеукрепляющим действием, наполняет баню удивительным ароматом.
- Кленовый веник впитывает в себя токсины, хорошо очищает и омолаживает кожу.
- Рябиновый веник оказывает тонизирующий эффект на кожу, возвращает бодрость, борется с депрессией.

Дополнительные ритуалы: см. 7 января, 5 февраля, 7 марта, 6 апреля, 5 мая, 4 июня, 4 июля, 2–3 августа, 31 августа, 29 сентября, 29–30 октября, 28 ноября, 28 декабря.

29 ноября

понедельник, 25-й лунный день

Нейтральный день!

Настал момент подвести итоги!

Доделайте все незавершенные дела, затем расслабьтесь и побудьте в одиночестве. Подумайте, благодарны ли вы Высшим силам за все блага вашей жизни?

Что нужно сделать

Сегодня благодарите за ежедневную пищу! Наслаждайтесь дарами этого мира, но ваша пища всегда должна быть свежей, а мысли — чистыми.

Дополнительные ритуалы: см. 8 января, 6 февраля, 8 марта, 7 апреля, 6 мая, 5 июня, 5 июля, 4 августа, 1–2 сентября, 30 сентября, 1 октября, 31 октября, 29 декабря.

30 ноября

вторник, 26-й лунный день

Нейтральный день!

Плохое настроение отпугивает счастье!

Сегодня нельзя предаваться печальным мыслям. Пресекайте уныние и тех, кто вас окружает. Вам поможет помандер — ароматное украшение дома из специй и апельсинов.

Что нужно сделать

1. Возьмите спелый апельсин, сделайте на нем надрезы и украсьте целыми коробочками гвоздики, воткнув их в цедру.
2. Оставшуюся гвоздику нужно размолоть в кофемолке, можно добавить к ней корицу и тмин.
3. Хорошенько обсыпьте апельсин молотыми специями, заверните в ткань (мешочек из хлопка) и оставьте на батарее на 2–3 дня.
4. Когда апельсин высохнет, готовый помандер можно повесить на елку, положить в вазу с фруктами или просто оставить на полке.

Дополнительные ритуалы: см. 9 января, 7 февраля, 9 марта, 8 апреля, 7 мая, 6 июня, 6 июля, 5 августа, 3 сентября, 2 октября, 1 ноября, 30 ноября, 30 декабря.

ДЕКАБРЬ

1 декабря

среда, 27-й лунный день

Нейтральный день!

Время привлечь к себе внимание!

Сегодня благоприятно заявить о себе. Окружающие обязательно оценят ваши достоинства, и исполнение ваших желаний станет чуть ближе. Используйте мудру популярности (рис. 25).

Что нужно сделать

1. Выполните мудру на уровне шеи.
2. Закройте глаза и сконцентрируйтесь на области макушки. Представьте себе, что там возникает яркое свечение.

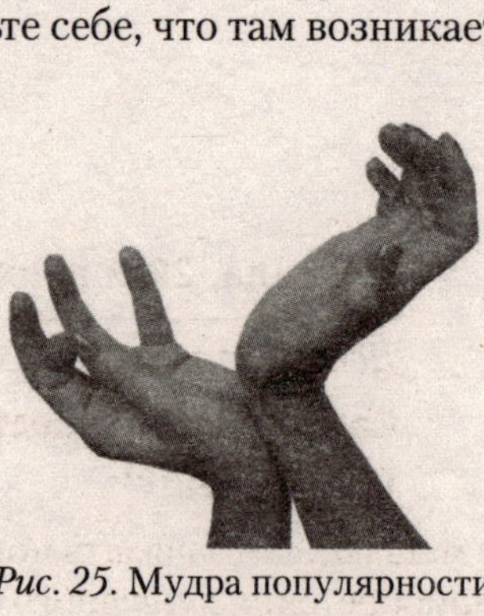

Рис. 25. Мудра популярности

3. Сформируйте твердое желание добиться популярности в интересующей вас сфере.
4. Оставайтесь в этом положении до 3 минут.

Дополнительные ритуалы: см. 10 января, 8 февраля, 10 марта, 9 апреля, 8 мая, 7 июня, 6 августа, 4 сентября, 3 октября, 2 ноября, 31 декабря.

2 декабря

четверг, 28-й лунный день

Благоприятный день!

Мысли создают будущее!

Следите за своими мыслями и поступками — они должны быть позитивными. Настройтесь на любовь и счастье, и они придут к вам.

Что нужно сделать

1. Сосредоточьтесь на мыслях о любви и процветании.
2. Порадуйтесь тем позитивным изменениям, которых вы достигли.
3. Скажите себе:
   «Я стремлюсь к взаимной гармоничной любви! Я люблю и любима!»

Дополнительные ритуалы: см. 11 января, 9 февраля, 11 марта, 10 апреля, 9 мая, 8 июня, 8 июля, 7 августа, 5 сентября, 4 октября, 3 ноября.

3 декабря

пятница, 29-й лунный день

Неблагоприятный день!

Самое время обрести душевное спокойствие!

Затаенные обиды мешают вам завязать новые гармоничные отношения. Для приобретения душевного спокойствия проведите день терапии тишиной.

Что нужно сделать

Даже несколько часов тишины в конце дня позволят вам восстановить внутреннюю гармонию, ослабить напряжение, обрести счастье и душевный покой.

Устройте себе информационный «разгрузочный день», в течение которого вы ни минуты не смотрите телевизор, не читаете газет и не слушаете радио. И никакой громкой музыки.

Дополнительные ритуалы: см. 12 января, 10 февраля, 12 марта, 11 апреля, 10 мая, 9 июня, 9 июля, 6 сентября, 5 октября, 4 ноября.

4 декабря

суббота, 30–1 лунные дни
Новолуние в 10:45

Нейтральный день!

Сегодня все получится!

Один из самых удачных дней месяца! Утром подведите итоги всего, что произошло с вами за предыдущие 29 лунных дней. После новолуния планируйте, желайте — все сбудется! Сегодня мы заложим основу процветания и благополучия на следующие 30 лунных дней!

Что нужно сделать

Создайте желаемый яркий образ себя в своем воображении. Скажите себе, что вы:

«Богаты, Здоровы, Счастливы, Любимы».

Дополнительные ритуалы: 11 февраля, 13 марта, 11 мая, 10 июня, 10 июля, 6 октября.

5 декабря

воскресенье, 2-й лунный день

Нейтральный день!

Дарить подарки! Делиться радостью!

Не забудьте сделать подарок и себе. Купите голубую глину и сделайте из нее обертывание, которое поможет бороться с жировыми отложениями.

Что нужно сделать

1. В глину добавьте немного корицы. Смесь разбавьте водой до сметанообразного состояния.
2. Нанесите на 20–30 минут на проблемные участки тела. Обернитесь пищевой пленкой.

Эффект такого обертывания будет выше, если вы будете активно двигаться во время процедуры.

Дополнительные ритуалы: см. 12 февраля, 14 марта, 12 мая, 11 июня, 11 июля, 9 августа, 7 октября.

6 декабря

понедельник, 3-й лунный день

Нейтральный день!

Пора проявить изобретательность!

Самое время действовать. Сегодня вы полны энергии, не бойтесь совершать смелые поступки. Проведите ритуал освобождения от своих страхов.

Что нужно сделать

1. Вспомните, почему вы в последний раз отступились от дела, отказались от нового знакомства.
2. Если истинная причина в страхе, найдите, где в вашем теле он поселился (в груди, голове и т. д.).
3. Усильте этот образ, облачив его в цвет, запах, ощущения.
4. Представьте, как этот образ постепенно уменьшается и превращается в точку, а затем совсем исчезает.

Дополнительные ритуалы: см. 14 января, 13 февраля, 15 марта, 13 апреля, 13 мая, 12 июня, 12 июля, 10 августа, 8 сентября, 8 октября, 6 ноября.

7 декабря

вторник, 4-й лунный день

Нейтральный день!

Ваш дом — источник любви и благосостояния!

Устройте генеральную уборку и выбросите ненужный хлам. В этот день можно воспользоваться магической силой рябины.

Что нужно сделать

1. Украсьте свой дом ветками рябины.
2. Привяжите белые ленты на ветви рябины, называя имена тех, кого вы любите.

Дополнительные ритуалы: см. 15 января, 14 февраля, 16 марта, 14 апреля, 14 мая, 13 июня, 13 июля, 11 августа, 9 сентября, 9 октября, 7 ноября.

8 декабря

среда, 5-й лунный день

Нейтральный день!

Удачный момент для посещения новых мест!

Любые открытия в этот день принесут положительные перемены. Сегодня вам помогут мантры.

Что нужно сделать

1. Когда вы читаете эту мантру, визуализируйте самые приятные для вас картины — сцены из вашей жизни в роскоши и богатстве.
2. Произнесите мантру:
   «АЙУРДЕХИ ДХАНА ДЕХИ ВИДЙАМ ДЕХИ МАХЕШВАРИ
   САМАСТАМАКХИДАМ ДЕХИ ДЕХИ МЕ ПАРАМЕШВАРИ».

Дополнительные ритуалы: см. 16 января, 15 февраля, 17 марта, 15 апреля, 15 мая, 14 июня, 14 июля, 12 августа, 10 сентября, 10 октября, 8 ноября.

9 декабря

четверг, 6-й лунный день

Благоприятный день!

Разберитесь, чего вы на самом деле хотите!

Сегодня обязательно создайте свой новый положительный образ. Именно он будет притягивать любовную удачу.

Что нужно сделать

Воспользуйтесь своим неотъемлемым правом на лучшую жизнь, произнесите прямо сейчас:

«Я — свет! Я — любовь! Я — абсолютный успех!»

Дополнительные ритуалы: см. 17 января, 16 февраля, 18 марта, 16 апреля, 16 мая, 15 июня, 15 июля, 13 августа, 11 сентября, 11 октября, 9 ноября.

10 декабря

пятница, 7-й лунный день

Благоприятный день!

Счастье внутри вас!

Поверьте, ваше счастье зависит только от вас. Оглянитесь вокруг и радуйтесь каждому мгновению.

Что нужно сделать

1. Представьте себе чаши весов.
2. Мысленно положите на одну чашу счастливые моменты в вашей жизни, а на другую — неудачные воспоминания.
3. Какая чаша у вас перевесила? Запомните — только вы отвечаете за свой выбор. Вы сами решаете быть счастливым или несчастным.

Дополнительные ритуалы: см. 18 января, 17 февраля, 19 марта, 17 апреля, 17 мая, 16 июня, 16 июля, 14 августа, 12 сентября, 12 октября, 10 ноября.

11 декабря

суббота, 8-й лунный день

Нейтральный день!

Пора использовать приобретенные знания!

Ищите новые возможности для привлечения денег! Привлеките энергию изобилия с помощью денежных купюр.

Что нужно сделать

Поместите одну банкноту крупного номинала или сколько угодно долларовых купюр в секторе богатства (на юго-востоке дома), а еще лучше гордо вывесите их в застекленной прямоугольной рамочке с фиолетовой окантовкой!

Дополнительные ритуалы: см. 19 января, 18 февраля, 20 марта, 18 апреля, 18 мая, 17 июня, 17 июля, 15 августа, 13 сентября, 13 октября, 11 ноября.

12 декабря

воскресенье, 9-й лунный день

Неблагоприятный день!

Выяснения отношений лучше оставить на потом!

В этот день лучше не планировать ничего важного. Проверьте, не вредите ли вы своей удаче неправильными действиями.

Что нужно сделать

Проверьте, не висят ли у вас в санузле:

- изображения роз и пионов (смывается романтическая удача);
- плакаты с изображением красивых женщин (пропадет красота женщин, живущих в доме);
- изображения дорогих машин и роскошных вещей (смывается энергия больших денег).

Уберите их! Все символически сливается в канализацию.

Дополнительные ритуалы: см. 20 января, 19 февраля, 21 марта, 19 апреля, 19 мая, 18 июня, 18 июля, 16 августа, 14 сентября, 14 октября, 12 ноября.

13 декабря

понедельник, 10-й лунный день

Нейтральный день!

Удачный день для встречи!

Используйте свои знания и опыт, чтобы не повторить прежних ошибок. Запрограммируйте себя на удачный день.

Что нужно сделать

Проснувшись утром, начинайте сразу же, еще не открывая глаз, программировать или настраивать себя на удачу во всем. Можете заранее написать текст и положить рядом с собой:

«У меня все прекрасно и будет еще лучше. Я люблю себя. Я молодец, я просто замечательно со всем справляюсь!»

Дополнительные ритуалы: см. 21 января, 20 февраля, 22 марта, 20 апреля, 20 мая, 19 июня, 19 июля, 17 августа, 15 сентября, 15 октября, 13 ноября.

14 декабря

вторник, 11-й лунный день

Нейтральный день!

Есть вероятность стать жертвой обмана!

Сегодня, чтобы обезопасить себя, воспользуйтесь защитной силой сосны.

Что нужно сделать

1. Наберите ванну, добавьте в нее 5–6 капель эфирного масла сосны.
2. Полежите в ней 15–20 минут, представляя, как вы наполняетесь энергией, которая защищает вас от недоброжелателей.

Дополнительные ритуалы: см. 22 января, 21 февраля, 23 марта, 21 апреля, 21 мая, 20 июня, 20 июля, 18 августа, 16 сентября, 16 октября, 14 ноября.

15 декабря

среда, 12-й лунный день

Благоприятный день!

Пора тратить деньги на благотворительность!

Сегодня хорошо давать деньги в долг и возвращать старые долги. Обратитесь с мантрой к Юпитеру.

Что нужно сделать

Прочитайте мантру 108 раз:

«ОМ ГУРАВЕ НАМАХА».

Дополнительные ритуалы: см. 23 января, 22 февраля, 24 марта, 22 апреля, 22 мая, 21 июня, 21 июля, 19 августа, 17 сентября, 17 октября, 15 ноября.

16 декабря

четверг, 13-й лунный день

Нейтральный день!

Завершение старых дел!

Сегодня можно заложить программу на успешное будущее. Если, несмотря на все ваши усилия, ваше благосостояние не улучшается, проведите ритуал «Отвязка от бедности».

Что нужно сделать

1. Просмотрите свой гардероб и выберите трикотажную вещь (лучше связанную вручную), которую вы носите с незапамятных времен. Это может быть шапка, шарф и даже старый шерстяной носок.
2. Распустите свой символ бедности, приговаривая: *«Как петелька за петелькой спускается, так и бедность уходит от меня, отцепляется»*.
3. Когда от вещи останется только клубок, сожгите его со словами: *«Да будет так!»*

Дополнительные ритуалы: см. 24 января, 23 февраля, 25 марта, 23 апреля, 23 мая, 22 июня, 22 июля, 20 августа, 18 сентября, 18 октября, 16 ноября.

17 декабря

пятница, 14-й лунный день

Нейтральный день!

Новое дело сулит успех!

Обратите внимание на кухонную плиту. От качества пищи, которая готовится на плите, зависит не только здоровье членов семьи, но и их благосостояние.

Что нужно сделать

1. Плита должна быть чистой, причем не только сверху, но сбоку и сзади. Вымойте свою плиту со всех сторон.
2. На плите всегда должна стоять хотя бы одна красивая и чистая кастрюля, символизирующая достаток и уют в доме.

Дополнительные ритуалы: см. 25 января, 24 февраля, 26 марта, 24 апреля, 24 мая, 23 июня, 23 июля, 21 августа, 19 сентября, 19 октября, 17 ноября.

18 декабря

суббота, 15-й лунный день

Неблагоприятный день!

Время заняться мыслями и установками!

Не стоит предпринимать важных решений. Произнесите молитву, которая придаст вам силу и смелость, подарит надежду и радость, прогонит страх из сердца.

Что нужно сделать

1. Расслабьтесь.
2. Произнесите:
   «Божественная любовь окружает меня!
   Божественный покой наполняет мою душу!
   Божественный свет указывает мне путь!
   Божественное руководство теперь принадлежит мне!»

Дополнительные ритуалы: см. 26 января, 25 февраля, 27 марта, 25 апреля, 25 мая, 24 июня, 24 июля, 22 августа, 20 сентября, 20 октября, 18 ноября.

19 декабря

воскресенье, 16-й лунный день
Полнолуние в 07:38

Неблагоприятный день!

Важные решения будут успешны!

Сегодня лучше побыть в уединении. Хороши любые физические нагрузки. Для развития устойчивости и координации выполните упражнение «Дерево».

Что нужно сделать

1. Встаньте прямо, перенеся центр тяжести на левую ногу.
2. Поднимите ступню правой ноги рукой и ведите вдоль ноги до паховой области. Упритесь ступней правой ноги во внутреннюю поверхность левого бедра — так она не будет соскальзывать.
3. Выпрямитесь и сомкните ладони над головой.
4. Побудьте в таком состоянии 2–3 минуты, повторяйте упражнение каждый день 2 недели, постепенно увеличивая время выполнения.

Дополнительные ритуалы: см. 27 января, 26 февраля, 28 марта, 26–27 апреля, 26 мая, 25–26 июня, 25 июля, 23 августа, 21 сентября, 21 октября, 19 ноября.

20 декабря

понедельник, 17-й лунный день

Нейтральный день!

Культивируйте в себе радость жизни!

Для настроя на волну позитивной энергии сделайте заговор от безденежья на сладкий напиток.

Что нужно сделать

1. Возьмите кружку с любым безалкогольным сладким напитком, поверните ее ручкой строго от себя и прочитайте заговор 7 раз (после каждого прочтения делайте глоток):
   «Выходила Маланья на околицу спозаранья, плакала и рыдала, успокою не знала, на все стороны говорила, жалобицу

творила. Отдаю ей свои беды, не хочу больше их ведать. Пусть несет она мои беды далеко-далеко, за море-окиян, за огненный ключ, на самый край земли. Дом мой будь полна чаша, водись в нем и хлеб и каша. Все в дом, ничего вон. Я, Раба божья (назвать имя), *— хозяйка этому дому и не быть по-иному. На том святой крест и аминь».*

2. Оставшийся напиток выпейте одним глотком, не ставя чашку на стол.

Дополнительные ритуалы: см. 28 января, 27 февраля, 29 марта, 28 апреля, 27–28 мая, 27 июня, 26 июля, 24 августа, 22 сентября, 22 октября, 20 ноября.

21 декабря

вторник, 18-й лунный день

Нейтральный день!

Самое время избавиться от ненужного!

Проводите уборку, избавляйтесь от комплексов, без сожаления расставайтесь с людьми, которые вас раздражают. А для уверенности и спокойствия проведите мятную ароматерапию.

Что нужно сделать

В чашу аромалампы налейте воды, добавьте 5–7 капель эфирного масла мяты и зажгите свечу. Масло будет постепенно испаряться с поверхности медленно нагревающейся воды, наполняя ароматом комнату.

Дополнительные ритуалы: см. 29 января, 28 февраля, 30–31 марта, 29 апреля, 29 мая, 28 июня, 27 июля, 25 августа, 23 сентября, 23 октября, 21 ноября.

22 декабря

среда, 19-й лунный день

Неблагоприятный день!

Лучше отложите новые знакомства!

Сегодня как бы вы ни старались, все будет валиться из рук. Настройтесь на позитивную волну с помощью несложного упражнения йоги.

Что нужно сделать

1. Расслабьтесь.
2. Начинайте дышать как можно быстрее, по максимуму наполняя легкие.
3. Как только кровь насытится кислородом, вы почувствуете эйфорию.
4. Завершите упражнение.

Дополнительные ритуалы: см. 1 января, 30 января, 1 марта, 1 апреля, 30 апреля, 30 мая, 29 июня, 28 июля, 26 августа, 24 сентября, 24 октября, 22 ноября.

23 декабря

четверг, 20-й лунный день

Нейтральный день!

Удача вам улыбнется!

Сегодня противопоказано лениться. Все ваши старания окупятся стократно. Притянуть к себе удачу поможет ритуал.

Что нужно сделать

1. Возьмите любую натуральную нить красного цвета, около метра длиной.
2. Завяжите на ней 3 узелка со словами:
   «Как узел крепко вяжется, нить плетется, так и дело мое важное удачей обернется! Аминь!»
3. Заговоренную нить положите вдоль порога, со стороны квартиры.
4. Выходя из дома, переступите ее с левой ноги.

Дополнительные ритуалы: см. 2 января, 31 января, 2–3 марта, 2 апреля, 1 мая, 31 мая, 30 июня, 29 июля, 27 августа, 25 сентября, 25 октября, 23 ноября.

24 декабря

пятница, 21-й лунный день

Нейтральный день!

Настал момент для поддержания своей красоты!

На убывающей Луне эффективными являются процедуры, связанные с очищением. Хороший результат дают процедуры против целлюлита.

Что нужно сделать

Смешайте 1,5 стакана сухого молока с медом, чтобы получилось подобие крема. Нанесите часть смеси на проблемную зону на 15 минут, остатки растворите в воде и примите ванну в течение 20 минут. За это время поры раскроются, а кожа впитает полезные вещества.

Дополнительные ритуалы: см. 3 января, 1 февраля, 4 марта, 3 апреля, 2 мая, 1 июня, 1 июля, 30 июля, 28 августа, 26 сентября, 26 октября, 24 ноября.

25 декабря

суббота, 22-й лунный день

Нейтральный день!

Следует отказаться от незапланированных покупок!

Сегодня лучше экономить. Велик риск пустых растрат. Сохранить деньги поможет оберег из глины.

Что нужно сделать

1. Воспользуйтесь детским набором для лепки и слепите из глины маленькую чашечку (так, чтобы в поделку могло поместиться несколько монет).
2. Поставьте сушиться на ночь под лунные лучи.

Дополнительные ритуалы: см. 4–5 января, 2–3 февраля, 5 марта, 4 апреля, 3 мая, 2 июня, 2 июля, 31 июля, 29 августа, 27 сентября, 27 октября, 25 ноября, 26 декабря.

26 декабря

воскресенье, 22-й лунный день

Нейтральный день!

Пора поберечь свои деньги!

Вчерашние энергии дня оказывают свое влияние и сегодня. Поэтому важно четко фильтровать поступающую информацию. Завершите создание оберега для своих денег.

Что нужно сделать

1. В полночь положите на столе перед собой поделку и несколько монет одного номинала.
2. Зажгите зеленую свечу и, кладя в свою чашку по монете, произнесите:
   «Денежки, ярче солнца сверкайте,
   Дружбы своей меня не лишайте!»
3. Храните свою чашу дома в зоне богатства.

Дополнительные ритуалы: см. 4–5 января, 2–3 февраля, 5 марта, 4 апреля, 3 мая, 2 июня, 2 июля, 31 июля, 29 августа, 27 сентября, 27 октября, 25 ноября, 25 декабря.

27 декабря

понедельник, 23-й лунный день

Неблагоприятный день!

Важно не раздражаться и не критиковать!

Почитайте сегодня аффирмации для обретения любви. Они помогут вам настроить свое сознание на желанные гармоничные любовные отношения.

Что нужно сделать

Повторяйте по 8 раз:

«Я купаюсь в любви!
Я живу в гармонии и мире со всей Вселенной!
Я создана для счастья!
С каждым днем моя жизнь улучшается!»

Дополнительные ритуалы: см. 6 января, 4 февраля, 6 марта, 5 апреля, 4 мая, 3 июня, 3 июля, 1 августа, 30 августа, 28 сентября, 28 октября, 26 ноября.

28 декабря

вторник, 24-й лунный день

Благоприятный день!

Относитесь к себе с любовью!

Сегодня займитесь собой, учитесь себя ценить. Проведите ритуал «Мандарин».

Что нужно сделать

1. Купите самый красивый мандарин.
2. Вечером уединитесь, возьмите мандарин в руки и проговорите:
   «Странник заморский по странам шагает, многое знает, мысли читает, все про всех понимает, глаза людям открывает. Со стороны всегда видней, расскажи все про меня скорей!»
3. Очистите мандарин и разберите его на дольки. Съедайте по дольке, перечисляя свои положительные качества, например, «я самая добрая», «самая нежная» и т. д.

Дополнительные ритуалы: см. 7 января, 5 февраля, 7 марта, 6 апреля, 5 мая, 4 июня, 4 июля, 2–3 августа, 31 августа, 29 сентября, 29–30 октября, 27–28 ноября.

29 декабря

среда, 25-й лунный день

Нейтральный день!

Суета ни к чему хорошему не приведет!

Сегодня тот, кто не будет прилагать чрезмерных усилий, на удивление легко достигнет цели. Время подвести итоги уходящего года.

Что нужно сделать

Разделите лист бумаги на две части. В первой запишите свои достижения на этот год, во второй — то, над чем следует еще поработать. Наметьте пути к достижению целей.

Дополнительные ритуалы: см. 8 января, 6 февраля, 8 марта, 7 апреля, 6 мая, 5 июня, 5 июля, 4 августа, 1–2 сентября, 30 сентября, 1 октября, 31 октября, 29 ноября.

30 декабря

четверг, 26-й лунный день

Нейтральный день!

День накопления жизненных сил!

Не беритесь за новые дела, отдыхайте, размышляйте о настоящем. Отдохните. Примите расслабляющую ванну с эфирными маслами.

Что нужно сделать

Пять капель эфирного масла или композиции из нескольких запахов смешайте с основой. Основой может быть масло сладкого миндаля (10–15 мл); морская или поваренная соль (3–4 чайных ложки); мед, сметана, кефир (2–3 ст. ложки); сливки (3–4 ст. ложки); молоко (100–200 мл). Добавьте полученную смесь в воду.

Дополнительные ритуалы: см. 9 января, 7 февраля, 9 марта, 8 апреля, 7 мая, 6 июня, 6 июля, 5 августа, 3 сентября, 2 октября, 30 октября, 1 ноября, 30 ноября.

31 декабря

пятница, 27-й лунный день

Нейтральный день!

Удачный момент закончить незавершенные дела!

Самое время отправляться за покупками и подарками для любимых людей. В преддверие Нового года воспользуйтесь несколькими правилами, которые помогут вам начать новый жизненный этап счастливым человеком.

Что нужно сделать

1. Перед Новым годом обязательно тщательно приберите весь дом.
2. Украсьте свой праздничный стол вазами с фруктами. Особенно благоприятными считаются апельсины и сливы.
3. Непременно встречайте Новый год в новой одежде.

Дополнительные ритуалы: см. 10 января, 8 февраля, 10 марта, 9 апреля, 8 мая, 7 июня, 6 августа, 4 сентября, 3 октября, 2 ноября, 1 декабря.

16+

Серия «Совет на каждый день от Наталии Правдиной»

Издание для досуга
Демалысқа арналған баспа

Наталия Правдина

КАЛЕНДАРЬ ДЛЯ ЖЕНЩИН НА 2021 ГОД.
365 практик от Мастера. Лунный календарь

Подписано в печать 15.06.2020. Формат 84×108/32.
Гарнитура Petersburg. Бумага газетная. Печать офсетная.
Усл. печ. л. 11,76. Тираж 3000 экз. Заказ Э-9662.
Отпечатано в типографии ООО «Экопейпер».
420044, Россия, г. Казань, пр. Ямашева, д. 36Б.

Общероссийский классификатор продукции
ОК-034-2014 (КПЕС 2008); 58.11.1 — книги, брошюры печатные.

ООО «Издательство АСТ»
129085, Москва, Звездный бульвар, д. 21, стр. 1,
комн. 705, пом. I, 7 этаж

Наш сайт: **www.ast.ru** E-mail: **prime@ast.ru**
Интернет-магазин: **www.book24.ru**

Оригинал-макет подготовлен редакцией «Прайм»
Произведено в Российской Федерации.
Изготовлено в 2020 г.

«Баспа Аста» деген ООО
129085, Мәскеу қ., Звёздный бульвары, 21-үй,
1-құрылыс, 705-бөлме, I жай, 7-қабат.
Біздің электрондық мекенжайымыз: **www.ast.ru**
E-mail: **prime@ast.ru**
Интернет-магазин: **www.book24.kz**
Интернет-дукен: **www.book24.kz**
Импортер в Республику Казахстан и Представитель по приему претензий
в Республике Казахстан — ТОО РДЦ Алматы, г. Алматы.
Қазақстан Республикасына импорттаушы және Қазақстан Республикасында
наразылықтарды қабылдау бойынша өкіл — «РДЦ-Алматы» ЖШС,
Алматы қ.,Домбровский көш., 3«а», Б литері офис 1.
Тел.: 8(727) 2 51 59 90,91 , факс: 8 (727) 251 59 92 ішкі 107;
E-mail: **RDC-Almaty@eksmo.kz**, **www.book24.kz**
Тауар белгісі: «АСТ» Өндірілген жылы: 2020
Өнімнің жарамдылық мерзімі шектелмеген
Өндірген мемлекет: Ресей

Учимся быть богатым, здоровым и счастливым!

Наталия ПРАВДИНА

ЭЛИКСИР МОЛОДОСТИ.
Секретная рецептура Вечно Молодых

Формат 70х90/16,
тв. переплет,
240 стр.

Сколько бы лет вам ни было, вам точно хочется быть молодой. И в 25 лет, и в 70! Это желание исполнимо! Потому что в руках у вас книга Наталии Правдиной, духовного учителя, который знает секреты молодости и богатства. Наталия помогла уже сотням тысяч людей. Настала ваша очередь!

В этой книге — эксклюзивный курс омоложения. В него входят тибетская гормональная гимнастика, энергетическое очищение тела, практики для пробуждения женской силы и сексуальности, а также секрет восстанавливающего сна.

Те, кто уже узнали секрет молодости на элитных семинарах Наталии Правдиной, отмечают, что помолодели на 10–15 лет, получили энергию, легкость невероятный блеск в глазах, внутреннюю уверенность и вдохновение.

Все это реально и достижимо! Убедитесь в этом на собственном опыте!

Наталья
ПРАВДИНА
36 МАНТР,
КОТОРЫЕ
ИСПОЛНЯЮТ
ЖЕЛАНИЯ!
Коробка с комплектацией: брошюра (формат 108x80/32, 128 стр.) и 36 карт

Вы держите в руках самый простой и эффективный инструмент исполнения любых желаний!

36 карточек с древними индийскими мантрами помогут вам найти ответы на самые сложные вопросы, заручиться удачей и помощью Вселенной и научиться управлять своей жизнью.

На карточках, помимо драгоценных мантр, есть и особые изображения, которые будет позитивно воздействовать на ваше подсознание и свяжут ваше желание с нужной энергией Вселенной. В книге, которую вы также найдете в комплекте, дано описание мантр и четкая и понятная инструкция, которая поможет вам максимально эффективно загадывать и быстро исполнять желания в любой области — от получения денег до общей гармонизации жизни. С карточками-мантрами Натальи Правдиной ваш запрос во Вселенную не останется без ответа!

ПРАЙМ

Издательство АСТ, редакция «ПРАЙМ»

- ПСИХОЛОГИЯ
- САМОРАЗВИТИЕ
- БИЗНЕС
- ОЗДОРОВЛЕНИЕ
- ЭЗОТЕРИКА
- ВОСПИТАНИЕ ДЕТЕЙ

☺ **ВОЗМОЖНОСТЬ ПОЛУЧИТЬ КНИГИ БЕСПЛАТНО** ☺

www.vk.com/prime_ast

www.instagram.com/prime.ast

www.facebook.com/praim.ast

Здесь мы публикуем:

- отрывки из хороших книг по саморазвитию;
- информацию о книжных событиях и новинках;
- интересные заметки, цитаты, наблюдения;
- фотографии авторов, книг (и не только!);
- розыгрыши книг.

ast.ru/redactions/praym/ • ПРАЙМ • (812) 927-27-93